COUR D'ASSISES DE LA SEINE
29 Juin 1899

AFFAIRE

DE LA

PLACE DE LA NATION

PROCÈS PAUL DÉROULÈDE-MARCEL HABERT

DISCOURS

DE

PAUL DÉROULÈDE ET DE MARCEL HABERT

Aux Jurés de la Seine

MM. LAMBOUR, épicier, chef du Jury. — AUMONT, grainetier. — **CHABROL**, entrepreneur. — **CHACHOIN**, fabricant de bronzes. — **CHATEAU**, entrepreneur. — **CHEVREAU**, rentier. — COCHU, **menuisier**. — GABRIEL **DESCHAMPS**, papetier. — GOUDEMANT, **pâtissier**. — MASSAT, **maître-charpentier**. — MILLET, rentier. — **ROSER**, constructeur.

EN VENTE :
AUX BUREAUX DU *DRAPEAU*
83, RUE DES PETITS-CHAMPS, 83

PARIS

(Prix : 0 fr. 15. — Le cent : 10 fr. — Le mille : 60 fr., envoi franco)

Qui vive ? France ! L. P. P. Quand même !

LE

DRAPEAU

Journal hebdomadaire

ORGANE DE LA LIGUE DES PATRIOTES

Président du Comité de Rédaction : PAUL DÉROULÈDE

Vice-Président : MARCEL HABERT

COLLABORATEURS :

Dr AUBŒUF.
MAURICE BARRÈS.
FRANÇOIS COPPÉE.
GAUTHIER (DE CLAGNY).
Dr DEVILLERS.
J. DELAHAYE.
E. DESCHAUMES.
JULIETTE LAMBER.
PIERRE FOURSIN.
AUGUSTA HOLMÈS.
MAURICE TALMEYR.
GEORGES THIÉBAUD.
G. VILLIERS DE L'ISLE-ADAM.
GUSTAVE VOULQUIN.
GEO WEISS.
R. POIRIER DE NARÇAY.

Directeur : HENRI GALLI.

Secrétaire de Rédaction : J. VASSIAS.

Administrateur : F. LE MENUET.

Le Numéro : 5 centimes

ABONNEMENTS : FRANCE, un an : 2 francs. — ETRANGER, un an : 4 francs.

RÉDACTION ET ADMINISTRATION : 83, RUE DES PETITS-CHAMPS

COUR D'ASSISES DE LA SEINE
29 Juin 1899

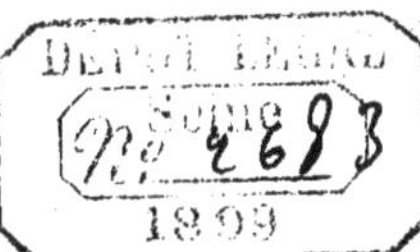

AFFAIRE
DE LA
PLACE DE LA NATION

PROCÈS PAUL DÉROULÈDE-MARCEL HABERT

DISCOURS
DE
PAUL DÉROULÈDE ET DE MARCEL HABERT

Aux Jurés de la Seine

MM. LAMBOUR, épicier, chef du Jury. — AUMONT, grainetier. — CHABROL, entrepreneur. — CHACHOIN, fabricant de bronzes. — CHATEAU, entrepreneur. — CHEVREAU, rentier. — COCHU, menuisier. — GABRIEL DESCHAMPS, papetier. — GOUDEMANT, pâtissier.— MASSAT, maître-charpentier. — MILLET, rentier. — ROSER, constructeur.

EN VENTE :
AUX BUREAUX DU *DRAPEAU*
83, RUE DES PETITS-CHAMPS, 83

PARIS

(Prix : 0 fr. 15. — Le cent : 10 fr. — Le mille : 60 fr., envoi franco)

AFFAIRE DE LA PLACE DE LA NATION

DISCOURS

DE

PAUL DEROULÈDE

Aux Jurés de la Seine

29 Juin 1899

MESSIEURS LES JURÉS,

Qu'on appelle affaire de la Place de la Nation ou affaire de la caserne de Reuilly notre tentative du 23 février dernier, ce n'est, ni dans cet étroit espace, ni dans cette seule journée qu'elle peut être renfermée. Elle date de plus haut et vient de plus loin.

Il ne m'en sera pas moins très facile de résumer en quelques lignes les seuls faits retenus contre moi par l'accusation. Je n'en ajouterai aucun autre, ne voulant pas m'entendre reprocher une fois de plus par M. Charles Dupuy de grossir mon rôle et n'ayant nulle envie d'imiter la grenouille de la fable, qui « tente d'égaler l'animal en grosseur ». *(Rires.)*

Voici telle quelle la version officielle :

Le 23 février 1899, Place de la Nation, j'ai saisi par la bride le cheval d'un général qui marchait en tête de sa brigade ; j'ai tenté de le décider a nous suivre mes amis et moi à l'Elysée, je n'y ai pas réussi, et, le soir même, après avoir été arrêté à la caserne de Reuilly, j'ai été transféré à la Conciergerie, où Marcel Habert et moi habitons encore.

Tel est du moins le récit adopté. Je n'y contredis pas.

Il est un seul détail ajouté après coup, du reste, contre lequel je proteste énergiquement. Il est fauxqu'après avoir tâché d'entraîner le général avec ses soldats, j'aie jamais pensé à entraîner les soldats sans leur général.

Je sais bien que l'adjonction de ce petit détail devait avoir pour conséquence de nous faire garder en prison en vertu de l'article 25 de la loi sur la presse, mais si la conséquence s'est trouvée justifiée, les prémisses n'en étaient pas moins absolument injustes.

J'ai pu vouloir me servir de l'armée comme d'un instrument libérateur. Jamais il n'est entré dans ma pensée de briser l'instrument lui-même pour en utiliser les tronçons. J'ai pu proposer une révolte à un général, je n'ai pas prêché l'indiscipline à ses troupes. Toute ma vie passée est là pour l'attester. Quant aux autres inexactitudes contenues dans l'acte d'accusation, qui n'ont, elles, d'autre but que de travestir ma tentative réfléchie en une sorte de délire patriotique, je ne les discuterai même pas.

Suis-je donc venu par hasard et à tout hasard Place de la Nation ? Mes accusateurs le prétendent. Ne m'étais-je concerté avec personne avant de me lancer dans une tentative au moins risquée ? Mes accusateurs l'affirment. Ai-je donc agi tout à la fois comme un illuminé et comme un aveugle ? Mes accusateurs l'insinuent.

Eh bien, soit ! Aussi bien, puisque les premières juridictions préparatoires ont décidé qu'elles tiendraient mes aveux pour nuls et non avenus tant qu'ils ne seraient pas plus complets, puisque j'ai été ainsi placé, et que je vais l'être sans doute encore tout à l'heure, entre la délation ou le ridicule, je n'hésite pas, je préfère le ridicule.

Mais de ce que je suis résolu à ne rien dire ici de plus que je n'ai dit ailleurs, de ce que ma tentative doit rester inexpliquée, ne fût-ce que pour être renouvelable, il ne s'ensuit pas que je renonce à en faire connaître les motifs. Au contraire. Plus les républicains parlementaires ont intérêt à faire douter de la sagesse de mes idées en insistant sur l'apparence déraisonnable de mon action, plus j'ai le devoir, moi républicain plébiscitaire, de vous bien convaincre que l'homme, qui faisait dépendre de cette action la purification de la République et la délivrance de son pays, ne peut pas avoir joué une pareille partie sur un coup de dés et par un coup de tête.

Je pressens, je sens même nettement que mes opinions et mes doctrines, résolument plébiscitaires, encore mal connues, vont avoir à se heurter en vous à des doctrines et à des opinions contraires.

Aussi, je fais appel à toute votre bienveillance, Messieurs les jurés, à toute votre patience et surtout, laissez-moi vous le dire, à tout notre commun amour pour la France qui devra seul, en réalité, inspirer votre jugement, comme il a seul, je vous l'affirme, inspiré ma résolution et ma conduite. Il me faut le sentiment de cette sympathie entre nous pour que je puisse utilement me défendre. Je ne prendrais même pas la parole si je croyais avoir en face de moi quelques-uns de ces nouveaux Français cosmopolites pour qui l'idée de nation n'est plus qu'une théorie surannée. L'anarchie de ces fous qui ne veulent plus d'Etat, s'est doublée aujourd'hui de l'anarchie de ces lâches qui ne veulent plus de patrie. Ces deux doctrines ont le même principe : le refus de tout devoir.

Vous êtes, vous, de ceux qui préfèrent leur famille aux autres familles, leur peuple aux autres peuples ; à ceux-là et devant ceux-là je puis et dois ouvrir tout mon cœur.

M'absoudrez-vous ? je ne sais ; mais je suis sûr que vous me comprendrez.

I

Ce n'est ni par goût ni par ambition que je suis entré dans la politique. De même qu'en 1870 j'ai renoncé à mon épée d'officier de mobiles pour prendre le fusil de soldat et marcher plus vite à la frontière, de même j'ai renoncé à ma plume d'écrivain pour prendre la parole dans les réunions populaires et me jeter directement dans la mêlée.

Je n'ai pas cherché à me faire une situation, j'ai quitté, il m'est presque permis de le dire, j'ai perdu celle que je pouvais avoir dans les lettres pour me consacrer au service de mon pays.

Aucune déception, aucune déconvenue ne m'a aigri ; je ne me suis pas révolté contre le gouvernement de la France, parce qu'il avait lésé en moi quelque intérêt personnel, mais parce qu'il nuisait à la nation.

Du reste, ce n'est pas dès la première heure que je me suis mêlé des affaires publiques. Resté officier jusqu'en 1877, j'ai été forcé de quitter l'armée à la suite d'une chute de cheval qui m'avait brisé le pied gauche. Redevenu homme de lettres, j'ai essayé de continuer à servir l'armée par mes écrits et j'ai vécu hors de toute politique jusqu'au jour où j'ai vu les républicains féodaux, comme je les appelais déjà, se coaliser pour renverser Gambetta.

Depuis la guerre, j'avais conservé une ardente et cordiale admiration pour le grand tribun, qui avait été l'âme de la défense nationale et en qui je voyais l'âme de la délivrance future ; je savais que, lui aussi, était anxieusement préoccupé de l'éparpillement des forces gouvernementales et je ne doutais pas que le grand patriote ne parvînt à reformer tôt ou tard, entre ses mains viriles, le faisceau des pouvoirs de l'Etat. Je ne lui avais jamais caché ces espérances, il ne les avait jamais contredites.

Combien de fois lui ai-je parlé de la nécessité de reviser notre absurde Constitution, fût-ce par une dictature. Les objections qu'il faisait à mes projets étaient uniquement de circonstance, non de principes. Une seule phrase pouvait les résumer toutes : « Ils n'en ont pas encore assez fait, le pays ne comprendrait pas ». « Ils », c'étaient les députés.

Et ce n'est pas seulement en tête à tête avec lui que je tenais ce langage et que j'obtenais ces réponses. Je me rappelle qu'à un déjeuner d'amis qui eut lieu peu de jours après sa chute, je lisais, aux applaudissements de ses fidèles, une pièce de vers qui se terminait ainsi :

L'obstacle, ce sont eux ; le ralliement, c'est toi.

Hélas ! à quelques semaines de là, le ralliement avait disparu. La mort aveugle, la mort stupide frappait en plein cœur la France et la République, arrachant à nos espérances nationales du dehors et du dedans tout le trésor de forces vives que contenait en lui l'un des meilleurs Français que j'aie connus, le plus grand républicain que j'aie aimé.

Je ne me trompais guère en comparant alors cette disparition à une défaite. La politique qui suivit sa perte fut le démenti de toutes ses vues, le contraire de ses indications. Ce ne fut pas seulement la démocratie en deuil qui eut à pleurer son plus fier champion, c'est la Patrie, c'est l'Alsace-Lorraine. On jeta la France dans une politique coloniale sans issue comme sans profit. On leurra le peuple de fausses promesses. On intronisa de plus en plus l'omnipotence parlementaire, domestiquant les ministres, renvoyant les présidents, mettant à sac les deniers publics, joignant le gaspillage au pillage, la concussion à la corruption, jusqu'au jour où, lasse de tant de misères, de détresse et de honte, la Nation saisit au hasard, et comme à tâtons, le premier moyen de salut qui sembla s'offrir à elle. Je ne veux pas refaire ici l'histoire d'un mouvement d'opinion dont l'avortement brisa et découragea pour longtemps les résistances du pays. Légitime dans son but et, quoi qu'on en ait dit, absolument légal dans ses moyens, le boulangisme fut bien plutôt une aspiration qu'une conspiration nationale. Personne, non pas même nous, Messieurs, ne suivait l'homme pour l'homme même. Pourquoi ne pas le dire puisque cela fut ainsi ? Le parlementarisme exténuait et ruinait déjà la Nation. Douloureusement inquiets des destinées de la France, nous étions résolus, dans toute la force du terme, à renverser cette nouvelle Bastille, pire que l'autre, puisqu'elle emprisonne tout un peuple, et mieux gardée que l'ancienne, puisqu'elle a pour geôliers les 800 parlementaires. Pour cette destruction nécessaire avant toute reconstruction, la popularité du général Boulanger qui fut notre œuvre, était notre levier. Osons tout dire : Républicains sincères, mais encore plus ardents patriotes, nous ne le servions pas, nous nous servions de lui.

Le malheur fut que d'une incontestable et patriotique bravoure sur le champ de bataille, l'héroïque soldat n'eut pas tout l'esprit de décision et d'initiative indispensables aux luttes politiques. L'erreur de ce bon Français fut de se laisser prendre par nous sans s'être par avance résolu à se donner tout entier. Il eut des scrupules successifs, des haltes inexcusables alors qu'en de telles conjonctures, il n'y a dans un sens ou dans l'autre qu'une seule ligne de conduite : le refus définitif ou la définitive acceptation.

Qui veut servir la cause du Peuple s'y voue et s'y dévoue. Celui qui ne fait que s'y prêter agirait mieux en s'y refusant. Mais l'expiation fut hors de proportion avec l'erreur et aussi bien, ce n'est à aucun de ceux qui ont arraché le général Boulanger à sa carrière d'officier, à aucun de ceux qui, plus encore que ses adversaires, ont contribué à briser son épée et peut-être sa vie, à prononcer sur leur victime une seule parole de reproche. Il a, somme toute, fait ce qu'il pouvait faire, et si le service a été incomplet, si l'échec a été désastreux, les partisans d'une République meilleure n'en avaient pas moins trouvé en lui leur premier guide.

Sa grande, sa généreuse folie a été de croire à la délivrance possible par le fonctionnement pacifique et successif du suffrage universel. Il ne se rendait pas compte de la part de sacrifices et de compromissions individuels que représentait chacune de ses élections.

Il ne fait pas bon d'être, en des temps pareils, je ne dis pas un député, mais un électeur d'opposition. Or, tout ce qu'un peuple peut faire pour un homme, avec l'arme faussée du scrutin d'arrondissement, les électeurs de France l'avaient fait pour le général Boulanger. Il avait eu sa part de plébiscite. Puis l'énergie des partisans se lassa de l'inaction du chef et la roue parlementaire, un instant soulevée par des milliers de bras populaires, retomba plus lourde que jamais sur l'échine des pauvres gens qu'elle recommença de plus belle à écraser. L'ivresse du triomphe fut telle chez nos vainqueurs qu'ils en oublièrent immédiatement et les craintes de la défaite et les motifs de l'attaque et jusqu'à la possibilité d'un retour offensif. Tous les désordres, toutes les incohérences, toutes les hontes du régime éclatèrent plus violents et plus malfaisants que jamais. Dix ans se passèrent, au cours desquels surgit d'abord l'ignoble affaire du Panama. Se riant des misères du petit peuple, ne tenant compte ni de ses droits ni de ses plaintes, uniquement soucieux de sauvegarder ses amis, le gouvernement mit tout en œuvre pour étouffer le scandale et prêta aux coupables la complicité cynique de sa protection.

L'éruption de ce volcan de boue à peine éteinte, un autre fléau plus pestilentiel, plus délétère, s'est déchaîné encore sur notre pauvre France : l'affaire Dreyfus. Le Panamisme était un symptôme de décomposition sociale, le Dreyfusisme est un symptôme de décomposition nationale.

De tous les griefs qu'un bon citoyen peut avoir contre le parlementarisme, il n'en est pas un de plus impardonnable que celui-là. A l'heure actuelle, toute solution, quelle qu'elle soit, s'il peut y avoir solution, est déjà trop tardive pour être efficace. Un gouvernement n'est pas seulement responsable de ce qu'il fait, il l'est aussi de ce qu'il ne fait pas et de ce qu'il laisse faire. Il y a des crimes d'inertie.

Avoir la garde de la sécurité, du repos, de la prospérité d'une nation, être placé à la tête d'un grand Etat pour veiller sur lui, pour le protéger, pour le défendre et le livrer pendant trois années entières, par intérêt politique, par combinaison ministérielle, par peur ou par ambition, aux criminels meneurs d'une campagne qui a plus épuisé, plus ruiné, plus divisé la France que tous nos lendemains de guerre civile, c'est une défection si honteuse, une si misérable désertion, qu'il n'est plus en vérité un seul terme pour qualifier un pareil fait et dans ses causes et dans ses conséquences.

Je n'ai jamais douté, quant à moi, ni de la réalité du crime commis contre la France en 1894, ni de l'équité de la condamnation prononcée. Mais s'il peut y avoir dans le pays deux opinions sur la trahison de Dreyfus, il ne peut y avoir qu'un seul avis sur la trahison du gouvernement. Personne n'a plus réellement attenté à la sûreté de l'Etat que cette succession de ministres qui l'ont tous si mal et si inutilement défendu.

Voilà pourquoi ce que les uns et les autres appellent, selon leurs passions ou leurs craintes, le péril cosmopolite, le péril anarchiste, le péril financier, le péril juif ou protestant, tout cela n'a pour moi qu'un seul nom et qu'une même cause : la maladie parlementaire.

II

L'attentat que nous avons voulu commettre, Marcel Habert et moi, est avant tout une tentative de guérison française et un essai de salut public.

« Quand un gouvernement a mis la Patrie en péril par ses fautes, on le destitue. »

Cet axiome de droit révolutionnaire est de date plus récente que la phrase de La Fayette sur « les devoirs sacrés de l'insurrection », plus proche de nous que la déclaration de Casimir-Perier l'ancien sur « la légitime résistance du Peuple à l'agression du pouvoir. » Il est daté du 4 septembre 1870 et signé : Trochu, Arago, Gambetta, Jules Favre, Jules Ferry, Jules Simon, Henri Rochefort.

La question de fait n'est pas douteuse. Aucun changement de régime n'a lieu sans destitution. Les questions de droit restent donc uniquement les suivantes : Le gouvernement issu du 4 septembre mérite-t-il, oui ou non, d'être destitué lui-même par un nouveau 4 septembre, a-t-il même jamais été légalement constitué depuis sa naissance ?

« On ne peut pas disputer au peuple le droit de se donner à lui-même la Constitution par laquelle il lui plait d'être gouverné », avait dit Mirabeau. Et Rousseau, avant lui, avait écrit : « Le peuple soumis aux lois doit en être l'auteur et cela s'applique surtout aux lois constitutionnelles ».

Quant à la déclaration des Droits de l'Homme, elle concluait nettement : « Le principe de toute souveraineté réside essentiellement dans la Nation. »

La Nation souveraine a-t-elle jamais été consultée sur les lois constitutionnelles de 1875 ? Le Peuple de France a-t-il jamais conféré à aucun mandataire le droit de les lui imposer ?

Vous avez répondu d'avance, Messieurs les jurés. Vous savez tous l'usurpation commise par l'Assemblée de 1871. Cette assemblée, vous vous le rappelez, était en grande partie composée de royalistes. Leur élection n'était pas le signe d'un retour du pays vers les institutions monarchiques.

Mais la nation épuisée aspirait à une paix rapide. Elle ne voulait confier la mission de la conclure ni à l'ancien parti impérialiste responsable à ses yeux de la déclaration de la guerre (on ignorait encore la fausse dépêche d'Ems), ni au nouveau parti républicain, continuateur résolu de la défense du Pays.

C'est alors que, par une sorte d'instinct équitable, la majorité des électeurs avait porté son choix sur le parti royaliste qui, resté à l'écart des affaires publiques depuis vingt ans, n'était courageusement rentré en ligne que pour combattre avec nous l'envahisseur et semblait ainsi devoir être l'arbitre le plus impartial et le plus digne en même temps d'une douloureuse situation qui n'était pas son œuvre.

Il serait injuste, il serait ingrat de ne pas reconnaître que, même en consentant sous le couteau à l'inoubliable arrachement de nos deux provinces, cette assemblée élue pour faire la paix, avait tout d'abord très patriotiquement accompli son mandat. Nous lui devons aussi, ne l'oublions pas, la réorganisation de nos forces par les premières lois militaires qui décrétaient le service obligatoire pour tous, instituaient les régions de corps d'armée et fortifiaient les frontières.

Par malheur, cette besogne tutélaire une fois accomplie, elle fit ce que font toutes les collectivités humaines que rien n'entrave ; elle abusa ! Elle s'enivra, elle aussi, de sa toute puissance et, de législative qu'elle était, elle se proclama constituante.

Alors commença à s'élaborer dans le silence des bureaux une loi organique qui n'avait pour but que l'organisation de la royauté.

Les républicains, les démocrates ne s'y trompèrent pas. Et, dès le premier débat public, les protestations éclatèrent, violentes et formelles. « Vous n'avez pas le pouvoir constituant », leur disait le général Faidherbe; et Gambetta s'écriait à son tour : « Vous avez si peu le pouvoir de constituer que si vous me donniez la République, je n'en voudrais pas ».

L'édifice royal n'en continuait pas moins à s'échafauder dans l'ombre. Mais devant les résistances du pays qui se faisaient jour à chaque élection partielle, les diplomates du parti consentirent à inscrire, sur le fronton du monument, le mot de « *République* » et les plus récalcitrants ne discutèrent bientôt plus l'étiquette dont on leur avait fait toucher du doigt le mensonge.

Branche aînée et branche cadette avaient bientôt reconnu avec joie dans cette nouvelle loi républicaine une bonne vieille loi monarchique d'origine anglaise et d'esprit germanique qui leur avait déjà servi par deux fois : La charte octroyée de 1814 et la charte bâclée de 1830. Comment s'y seraient-ils trompés d'ailleurs ? M. de Laboulaye n'avait-il pas pris soin de leur dire du haut de la tribune : « Mais vous ne voyez donc pas que cette République-là c'est la royauté sans le roi » ?

III

Tout d'abord, les républicains clairvoyants et désintéressés s'indignèrent ; la clause de revision inscrite, grâce à eux, dans l'article 8, fut longtemps pour eux la clause libératrice. Ils l'invoquaient, ils la brandissaient même comme la première des revendications démocratiques. Ce fut leur grand cheval de bataille jusqu'en 1878. Puis la revendication parut moins urgente, le désintéressement se calma, la clairvoyance ferma les yeux. Les républicains étaient devenus la majorité et, en voyant fonctionner à leur profit les rouages de cette constitution naguère maudite, ils s'aperçurent bien vite que cette royauté sans le roi n'était autre chose que la royauté du Parlement. Les plus ardents revisionnistes étaient devenus du coup les plus fervents constitutionnels.

Et de même que les monarchistes impénitents avaient tranquillement dépouillé le peuple du droit de constituer, de même les républicains convertis se refusèrent sciemment à lui restituer le droit de reviser. Ils lui disputèrent même le droit de ratifier.

Ce ne fut plus la République, ce fut la Constitution qui devint intangible. Malheur alors aux républicains qui invoquaient la souveraineté nationale! On ne leur ménageait ni les reproches, ni les injures. On les disqualifiait au besoin. « Quiconque n'est pas parlementaire, n'est plus républicain! ». Il était facile de répondre que ni Danton, ni Robespierre n'étaient des républicains parlementaires, que ni Rome, ni Athènes, ni l'Amérique, ni la Suisse n'étaient des républiques parlementaires et que les deux vieilles républiques plébiscitaires de l'antiquité représentent un millier d'années dans l'histoire du monde, tandis que notre régime oligarchique n'a qu'une durée d'un quart de siècle. Mais s'il était facile de répondre, il était impossible de se faire écouter.

Et du centre à l'extrême gauche de nos Assemblées, ç'a toujours été un haro de colère, quand un démocrate indépendant ose prétendre que l'élection du Président de la République appartient au Peuple; quand il a l'impudence d'affirmer que le suffrage universel cesse d'être universel quand il est restreint et qu'il essaie de démontrer qu'il n'y a pas démocratie là où il n'y a pas plébiscite ou referendum.

Nos nouveaux aristocrates tirent un trop grand profit de leurs privilèges pour tolérer qu'on les leur conteste. Encore moins y renonceront-ils jamais d'eux-mêmes.

Autant prêcher la restitution d'une montre volée à quelqu'un qui y a déjà fait graver son chiffre.

Les nuits du 4 août demandent des esprits plus généreux, des cœurs plus désintéressés que n'en possède notre égoïste noblesse d'argent. Et, il faut le reconnaître, leur féodalité à eux est autrement forte, autrement puissante que celle de jadis : leur mainmise sur la France n'est pas partielle, elle est totale.

A eux toutes les places, toutes les fonctions, tout le gouvernement, à eux l'impôt. A eux, par eux et pour eux, les préfets, les ministres, les présidents de la République. Ce n'est pas seulement la confusion du pouvoir exécutif avec le pouvoir législatif, c'est son absorption, son écrasement, sa fin.

De là une tyrannie collective, anonyme, irresponsable telle que l'avait prédite et combattue Montesquieu, quand il disait : « S'il arrivait que le pouvoir exécutif fût confié à un certain nombre de personnes tirées du corps législatif, il n'y aurait plus de liberté parce que les deux puissances seraient unies. » Et il ajoutait : « Lorsque dans la République le Peuple a la souveraine puissance, c'est une démocratie, lorsque la souveraine puissance est dans une partie du Peuple, cela s'appelle une aristocratie ».

C'est en vérité la contre-révolution qui trône. 1789 avait investi le Peuple du pouvoir constituant; 1848 lui avait donné le plébiscite; 1870 lui a tout enlevé. Le renversement de l'Empire n'a été, selon le mot de Montesquieu, « que l'avènement d'une aristocratie sans titre et sans droit » et la souveraineté nationale un instant entrevue à l'aube de la liberté, a disparu, anéantie sous la souveraineté parlementaire.

L'aveu en a été naguère publiquement fait par l'un des plus autorisés de ces privilégiés républicains.

Vous vous rappelez la discussion qui eut lieu, l'autre jour, à la Chambre au sujet de l'augmentation des salaires des membres du Parlement, augmentation jugée tout à fait nécessaire par M. Antide Boyer, un de mes collègues au Palais-Bourbon, qui fut aussi, je crois, un de mes prédécesseurs à la Conciergerie, et sans laquelle il confessait « qu'il serait bien difficile à un député de rester honnête. »

Il s'agissait, pour les membres des deux Chambres, d'être « portés » à 15.000 au lieu de 9.000. Messieurs nos honorables à 25 francs sentaient qu'ils seraient plus honorables encore à 41 fr. 50. Sentiment parfaitement juste mais un peu déplacé à l'heure où le budget de la France est en déficit de 11 millions et où l'inscription d'une dépense nouvelle de 5 millions et demi pour gratification législative eut un peu ressemblé à un véritable défi jeté aux réclamations toujours ajournées des humbles et des petits. Heureusement pour elle, la majorité de la Chambre l'a compris. Non pas qu'aucun député ait osé dire à ses collègues que notre représentation nationale était déjà payée plus qu'elle ne valait. Comme le Bridoison du *Mariage de Figaro*, ils ne se disent pas ces choses-là à eux-mêmes.

L'argument n'a été insolent que pour la Nation. Le voici dans toute sa candeur. Il est de l'honorable M. Charles Ferry :

« Les chapitres 42 et 43 du budget fixent l'indemnité parlementaire; cette indemnité est la liste civile du souverain. Nous sommes les souverains. Quel est le souverain en Europe qui ait, de sa propre autorité, relevé sa liste civile? » Et, de peur que nous n'oubliions que leur république est plus despotique que toutes les monarchies constitutionnelles, où du moins « le roi règne et ne gouverne pas », il ajoutait cette phrase significative : « Depuis trente ans, le Parlement règne et gouverne ».

Quel règne! hélas! et quel gouvernement!

IV

Il y a des usurpations qui se défendent et se justifient par des services rendus. Mais celle-là! Où sont ses services? Quelle est sa justification?

Fortune publique, prestige extérieur, ordre intérieur, qu'ont fait de leur royaume républicain ces huit cents majestés parlementaires?

La fortune publique? Ils l'ont conduite de déficit en déficit jusque sur le seuil de la banqueroute. Et qu'ils ne viennent pas nous dire, comme le font certains d'entre eux, que les électeurs seuls sont responsables de cette dilapidation de nos finances. Jamais, en aucun temps, le principe démocratique de la consultation du Peuple pour la levée des impôts n'a été plus ouvertement violé.

On se croirait revenu aux temps arbitraires et autocratiques que déplorait Vauban et dont parle Mézeray : « Le pouvoir de faire des impôts est demeuré à la discrétion du roi, sans prendre l'avis du Peuple ».

Qui peut, en effet, soutenir que ce soit prendre l'avis du Peuple que de lui promettre à chaque période électorale de diminuer ses anciens impôts et d'en créer pour plusieurs millions de nouveaux à chaque législature ? Il semble que tout le fonctionnement de la machine parlementaire puisse se résumer ainsi : Tous les quatre ans le Peuple a le droit d'entendre parler d'un certain nombre de réformes dont il n'entendra plus parler pendant quatre ans. L'exercice de ce droit est indéfiniment renouvelable.

Cependant, dès 1788, les Parlements de France avaient déclaré que ce serait anéantir le droit imprescriptible de la Nation que de consentir à la perception d'impôts qu'elle n'aurait pas octroyés. Les cahiers de 1789 avaient à nouveau formulé ce principe. Le serment du Jeu de Paume l'avait répété. La déclaration des droits de l'homme l'avait proclamé. Toutes nos constitutions républicaines l'ont établi.

Mais les républicains ou mieux les « publicains » de 1875, n'y regardent pas de si près. Nos maîtres lèvent tribut sur nous comme des vainqueurs sur des vaincus.

C'est encore par une seconde violation des droits du Peuple qu'ils se livrent annuellement au dépouillement des contribuables. Leurs mains débiles ne trouvent d'énergie que pour prendre.

Je n'entrerai pas ici, Messieurs, dans le détail des chiffres qui établissent notre déplorable situation financière. Je n'en donnerai qu'un rapide aperçu et je n'irai pas chercher mes critiques dans la bouche d'adversaires du régime. C'est un ancien ministre, M. le sénateur Antonin Dubost, qui parlera pour moi.

« Depuis dix ans, a dit M. Dubost, depuis 1889, l'augmentation des dépenses représente un chiffre de 400 millions », soit environ 40 millions par an et il prévoit que dans quelques années, « si on continue de ce train-là », le budget de la France sera de quatre milliards.

Après lui, un autre sénateur, l'honorable M. Hugot, de la Côte-d'Or, a rappelé que la dette de la France s'élevait à un total de plus de trente-sept milliards et demi, si bien qu'on a pu dire que chaque Français vient au monde avec mille francs de dettes.

L'un et l'autre de ces honorables sénateurs signalent également que 415,671 fonctionnaires publics, soit environ 15 fonctionnaires par 1,000 habitants, émargent au budget pour une somme de 627 millions.

Il n'y avait en 1849 que 188,000 fonctionnaires coûtant 245 millions.

Or, de 1849 à 1899, tandis que la population de la France n'augmentait que de 10 0/0, le nombre de ses employés augmentait, lui, de 110 0/0 et leur traitement de 150 0/0.

Ce n'est peut-être pas un grand progrès, mais c'est à coup sûr une des plus grandes progressions de ce demi-siècle.

L'ancien ministre, M. Antonin Dubost, ne peut s'empêcher de trouver la situation un peu lamentable. Rien de plus instructif que cette plainte d'un ancien dispensateur de places pris d'inquiétude à l'aspect de l'œuvre à laquelle il a, lui aussi, collaboré. « Où allons-nous ? » s'écrie l'ex-garde des sceaux. Eh bien ! mais, nous allons précisément là où la majorité des parlementaires nous pousse chaque année par les épaules : à la ruine. Cette plaie des fonctionnaires béante aux flancs de la France, qui donc l'a ouverte sinon eux-mêmes ? D'où sont sortis tous ces faméliques qui nous grugent, sinon de leur clientèle qu'ils font entretenir et rétribuer par le Peuple ?

La caste régnante a ses leudes comme autrefois les rois francs, et, si elle ne leur distribue par précisément des fiefs en nature, elle n'en prélève pas moins pour eux une dîme en espèces sur tous les produits de la terre de France.

Au fond, cette généreuse distribution de places est un placement. Ce sont les véritables gardes du corps du régime parlementaire que tous ces sinécuriens qui n'ont cure que de leurs patrons. Ce n'est pas pour nous qu'ils fonctionnent, c'est pour eux.

Habilement répandus sur toute la surface du territoire, ils veillent sur la France comme des entrepreneurs sur un chantier ; ce sont les contremaîtres des maîtres de l'usine parlementaire.

Comme les membres de ce vaste conseil d'administration qui nous administre si mal sentent très bien que c'est du nombre de leurs gardiens de caisses que dépend la sécurité de leur association, plus leur pouvoir est précaire plus ils en multiplient les agents.

Ils ont si bien rempli notre vieux patrimoine national de leurs parasites qu'un jour est venu où les limites du pâturage ont été trop étroites pour le troupeau des dévorants.

Telle fut même une des causes premières de cette ruineuse expansion coloniale sans colons où la gloire incontestée de nos généraux et de nos soldats nous console mal de cette criminelle prodigalité d'or et de sang. Loin de moi, Messieurs, l'idée de renier les avantages futurs d'une plus grande France d'outre-mer : mais peut-être eût-il été plus urgent sinon plus sage, de commencer par rétablir l'intégrité de toute notre vieille France d'outre-Vosges.

V

En principe, une politique coloniale venue à son heure, peut être profitable à une nation fortement organisée, qui a un trop plein de population et un surcroît de production. Mais les débouchés d'un peuple vaincu n'ont jamais servi de passage qu'aux peuples prépondérants.

Déposer des comptoirs n'est rien, il faut les imposer.

Le fait de transporter par delà les mers le terrain des conflits internationaux n'empêche pas le règlement de ces conflits de n'avoir lieu qu'en Europe. Et qui courbe le front devant ses voisins n'est guère en état d'aller relever la tête dans une des quatre autres parties du monde. Car nous en sommes là, hélas ! Ni l'organisation, aujourd'hui achevée, d'une des plus nombreuses armées du monde, ni l'alliance avérée avec un des plus puissants empires du continent, ne semblent nous avoir rendu le droit de parler haut.

Nous demandions, tout à l'heure, ce qu'avaient fait nos parlementaires de notre prestige extérieur ; ne posons pas une question si ambitieuse ; contentons-nous de leur demander ce qu'ils ont fait de notre indépendance et de notre fierté nationales ?

Notre diplomatie, en dehors de quelques intrus à elle imposés par la politique, n'est cependant ni plus mal recrutée ni moins intelligente que la diplomatie des autres Etats.

Notre armée est, je le répète, une des premières du continent.

D'où vient donc que ces deux admirables éléments d'influence extérieure pèsent d'un poids si léger dans la balance européenne ?

Du changement incessant de nos ministres, direz-vous ? Oui, sans doute, cela aussi déséquilibre les rapports internationaux d'un Etat. Mais l'orientation de la boussole nous nuit plus que ses oscillations.

Au fond, depuis plus d'un quart de siècle, Gambetta et M. Flourens exceptés, les changements de personnes au département des affaires étrangères ont moins contribué à nous mettre en mauvaise posture en Europe que la transmission ininterrompue, que la fixité permanente d'une même doctrine ou, disons le mot, d'une même consigne exclusivement basées l'une et l'autre sur la fragilité du régime parlementaire.

Cette consigne est tout entière condensée dans ce cri à la fois impératif et suppliant : « Pas d'affaire ! » et la doctrine s'explique et se commente ainsi : « Ne se servir en aucun cas ni de la force diplomatique, ni de la force militaire pour résoudre aucune question ; couper court aux difficultés ouvertes par de rapides concessions. Le moins de pourparlers, le plus de détente et le plus d'entente possibles ». Voilà le programme ! Et pourquoi ?

Pourquoi toutes ces soumissions sans résistances ? Pourquoi tant d'humilité, tant de faiblesse, pour ne pas dire plus ? Avec un corps diplomatique, intelligent et instruit, appuyé sur dix-neuf corps d'armée, solidement et matériellement prêts ?

Pourquoi toutes ces capitulations sans défaites ?

Est-ce donc uniquement par philosophique horreur de la guerre et pour épargner l'effusion du sang français ? La guerre ? mais ils l'o[illegible]ite quatre ou cinq fois, bien qu'ils ne l'aient jamais déclarée.

Les multiples expéditions en Tunisie ou au Tonkin, au Dahomey ou à Madagascar nous ont coûté au total plus de morts d'hommes, plus d'effusion de sang, plus de perte de forces vives que ne nous en eût demandé une décisive campagne contre l'Allemagne.

Non ! non ! Ce n'est pas leur pitié pour nos chers petits soldats qui les arrête, c'est leur pitié pour eux-mêmes, leur inquiétude pour leur impuissance gouvernementale.

La seule perspective d'une guerre continentale, heureuse ou malheureuse, les épouvante. Ils se sentent aussi incapables de supporter le choc en retour d'une défaite que l'explosion libératrice d'une victoire. Aussi, après vingt-neuf ans d'une hypocrite préparation, qui n'en a pas moins abouti à l'organisation solide de notre armée de terre, les voilà qui changent d'adversaire de peur d'avoir à combattre l'ancien, les voilà qui nous déclarent, toujours avec la même arrière-pensée de ne s'en pas servir, qu'il faut maintenant réorganiser notre armée de mer et construire des flottes. N'en doutez pas pourtant ; ils ne veulent pas plus faire la guerre à l'Angleterre qu'ils n'ont jamais voulu faire la guerre à l'Allemagne ; l'amiral ou le général victorieux, voilà l'ennemi !

Les partisans de cette politique de simulacre vous diront peut-être que cette armature de fer n'est que le verrou de sûreté derrière lequel la France laborieuse progresse et grandit.

Mensonge ! odieux mensonge !

Sur le grand marché des affaires européennes, la part de bénéfices que peut réaliser une nation est en raison directe de son influence extérieure. La France ne grandit pas, elle décroît. Donner à l'Europe la notion, hélas ! trop évidente, qu'on est décidé à ne prendre les armes ni pour la revendication de ses droits, ni pour la défense de son honneur, ni pour la protection de ses intérêts, c'est livrer tout un peuple à la merci et à la risée des autres peuples.

L'étranger, dont la main jalouse a si perfidement attisé nos troubles intérieurs, et s'essaie si visiblement à frapper au cœur nos institutions militaires, n'avait que faire de tant s'évertuer.

Tant que le Parlement régnera et gouvernera au gré et selon le vœu des parlementaires, la prépondérance allemande et la suprématie anglaise n'auront pas de meilleurs auxiliaires en France que notre conseil des ministres.

Même sur le terrain économique, nos concurrents nous éliminent et nous bafouent sans tenir aucun compte de la solidité d'une épée qu'ils savent ne devoir jamais sortir du fourreau. Nos traités de commerce n'ont de clause en apparence favorables que celles qui correspondent à des avantages beaucoup plus grands concédés à nos voisins. Ainsi d'année en année glisse et descend de rang en rang notre vieille et grande Nation ; ainsi sombrerait la France que ses alliés eux-mêmes finissent par mener au lieu de la suivre, par entraver au lieu de la seconder.

Je sais bien que la vanité de nos chefs d'Etat se console avec les admirables défilés du 14 juillet, avec les visites princières, avec les expositions universelles trois fois renouvelées, et enfin et surtout avec l'espérance que Paris sera en 1900 la table d'hôte de tous les souverains étrangers... sans exception ! Ils le rêvent du moins.

Mais la fierté nationale et l'intérêt public ne s'y trompent pas. Toutes les bannières, toutes les oriflammes tricolores, qui flotteront bientôt du Trocadéro au Champ-de-Mars ne feront oublier au peuple ni l'absence de nos trois couleurs sur les murs de Metz et de Strasbourg, ni l'arrachement de notre drapeau à Fachoda, ni même le déclin graduel et continu de notre prospérité commerciale.

Voilà au dehors l'œuvre de ces ouvriers de destruction.

Les intentions de quelques-uns étaient-elles sur certains point meilleures que les actes de tous ? C'est possible. Les institutions sont-elles plus mauvaises que les hommes ? Je le crois. Mais leur positivisme pratique nous a depuis longtemps enseigné qu'il n'y a lieu de tenir compte ici-bas que de la politique des résultats. Ils seraient mal venus à se plaindre d'être jugés d'après leurs principes.

VI

La prodigalité financière dont je parlais plus haut, qui semblait n'avoir eu pour but et qui n'aurait pour explication que l'affermissement à tout prix de leur pouvoir arbitraire, a-t-elle seulement eu comme conséquence d'assurer l'ordre intérieur ?

Hélas non ! Par un phénomène inverse et pourtant légitime sinon logique, ces acheteurs de consciences ne sont même pas parvenus à s'acquérir de l'autorité. Ce qu'ils ont installé à coup de millions sur leur trône doré, c'est l'anarchie.

Un gouvernement, digne de ce nom, doit trois choses à la nation qu'il gouverne : le progrès sans désordre, la prospérité publique basée sur la stabilité de l'Etat, la liberté et l'égalité sous la loi, dont nul ne peut excepter aujourd'hui la liberté de conscience et l'égalité des cultes.

Pour le progrès social, je veux bien reconnaître que de timides tentatives ont été faites mais aussitôt suivies de réaction et de restrictions.

Du reste, comme depuis trente ans l'habitude a été prise de tout promettre sans rien donner et, comme la certitude qu'on ne donnera rien est au fond de toutes ces promesses, la surenchère électorale a exaspéré les esprits et déchaîné les programmes.

Ce n'est plus le légitime droit au profit et au travail que l'aspirant député s'engage à assurer aux ouvriers des villes et des campagnes, c'est le droit à la paresse.

Ce n'est plus seulement la fraternelle amélioration du sort des travailleurs qu'il leur fait entrevoir, c'est l'écrasement et la disparition des patrons.

Ce n'est plus seulement une plus équitable proportion entre le salaire et les bénéfices, c'est la confiscation des bénéfices.

Ce n'est plus la successive arrivée de chacun à une situation plus heureuse, c'est l'arrivée immédiate de tous au même niveau de fortune, comme si de la ruine générale pouvait naître une seule prospérité individuelle.

Ainsi va s'exaltant et se propageant de cervelle en cervelle, la chimère de la dépossession violente, seule solution offerte à la misère de ceux qui écoutent par l'impuissance de ceux qui parlent.

Oui, sans doute, il y a une question sociale, mais cette question sociale n'a pas et n'aura jamais une solution parlementaire. Il faut avant tout un pouvoir fort, non pas héréditaire, ni viager, mais stable, mais solide qui ne puisse promettre que ce qu'il veut donner, qui soit tout à la fois assez sage et assez hardi, assez vigoureux et assez juste pour imposer aux uns les sacrifices nécessaires en limitant chez les autres les exigences excessives.

C'est ainsi qu'on pourrait avoir le progrès social sans désordre, tandis que sous le régime actuel nous n'avons que le désordre social sans progrès.

Il en va de même de la prospérité publique; en disant qu'elle reposait sur la stabilité gouvernementale, j'ai par là même expliqué qu'elle ne repose sur rien et qu'elle ne fut en aucun temps plus chancelante,

Quelle transaction à longue échéance peut-on faire avec un gouvernement sans lendemain ? Quels capitaux oserait-on engager, quelle grande entreprise commencer ? L'argent honnête découragé et inquiet, se cache ou s'enferme dans des placements sûrs mais immobiles.

L'agiotage tend à remplacer et à dominer l'industrie. Le négoce vit de coups de bourse et d'accaparements. Nous en arrivons à cette douloureuse constatation : la suprématie de l'argent supprimant dans tous ses efforts, dans tous ses droits, la souveraineté nationale et la démocratie laborieuse.

Parlerai-je de la Liberté et de l'Égalité sans la Loi ? Elles ont depuis longtemps cessé d'être. Hier même, dans ce Palais de Justice, on poursuivait les croyances et les idées des uns, tandis que les propagandes des autres sont ouvertement et illégalement protégées.

Bien plus, il y a des crimes innocents quand ce sont des parlementaires qui les commettent. Le vol d'un pain, c'est la prison. La mendicité, c'est la prison. Mais la concussion, la prévarication politique, l'escroquerie ministérielle, Panama et les chemins de fer du Sud, c'est le non-lieu ! la mise hors de cause ! l'acquittement ! Il n'y a plus ni Code civil, ni Code pénal, il y a le code parlementaire.

Et comme les politiciens n'ont pas encore pu assez ouvertement fausser la loi ni en supprimer tous les articles qui pouvaient les atteindre, ils ont fait pénétrer leur virus constitutionnel jusque dans les rangs, je ne veux pas dire jusqu'au sommet, de la magistrature.

A ceux-là ce n'est plus seulement le droit de contrôle qu'on leur a confié, c'est le droit de répression, c'est le droit de justice.

Oui, Messieurs, il faut bien le constater, puisque cela est ; à côté de très beaux, mais de trop rares exemples d'indépendance, en face de nobles figures de magistrats, digne des temps anciens, ces destructeurs de France en sont arrivés à engendrer une justice à leur image, non plus aveugle celle-là, mais clairvoyante. Clairvoyante pour ses intérêts personnels ou pour les intérêts des siens et c'est peut-être la pire création du parlementarisme qu'un troisième ordre de magistrature, ni assise, ni debout : la magistrature à genoux.

VII

Est-ce là tout? S'en sont-ils tenus là ces corrupteurs et ces corrompus, qui ont ébranlé l'édifice social tout entier en substituant des piles de pièces de cent sous aux piliers d'airain de l'honneur et de la justice?

Eh bien, non ! il leur en fallait encore davantage ; l'immunité parlementaire ne leur suffit pas, l'impunité judiciaire ne les contente pas ; la protection ministérielle ne les rassure pas, il leur faut, il leur a fallu la complicité présidentielle. Je touche là, Messieurs, dans la personne du Président de la République, à un des faits les plus graves du régime parlementaire.

L'honnêteté individuelle de l'homme n'est pas en jeu ; alors même qu'il était ministre de l'intérieur, il n'a commis à son profit ni acte d'indélicatesse, ni acte de prévarication, mais il n'en a pas moins protégé, défendu, couvert, des concussionnaires et des prévaricateurs.

Qu'il l'ait fait pour rester au pouvoir, ou seulement pour que le pouvoir reste aux mains de son parti, la faute n'en est pas moins lourde et le mot de complicité n'est pas trop fort pour de pareilles complaisances.

Du reste, le vrai danger du parlementarisme, ce n'est pas le nombre des coquins, c'est le nombre des indulgents.

Les vrais bandits sont rares, même à la Chambre, mais ceux qui les tolèrent, ceux qui les couvrent, ceux même qui les défendent uniquement parce que ces bandits sont des coreligionnaires politiques, ceux-là sont innombrables. C'est sur la majorité de ces indulgents que s'appuie la toute puissance de la minorité des malfaiteurs.

Combien sont-ils les députés qui ont trempé leurs mains dans les eaux sales du Panama? Combien sont-ils qui ont rempli leurs poches dans la frauduleuse escroquerie des chemins de fer du Sud, ou qui émargent aujourd'hui à d'autres caisses qu'à celles du Palais-Bourbon? une poignée peut-être. Toujours la même. Qui fait leur force? leur audace? leur impudence? Le silence, l'indulgence, la protection de tous les autres.

La complicité active peut être un crime plus grand que la complicité passive, mais elle est d'une conséquence moins désastreuse.

Quand les électeurs ont investi les députés de leur confiance, ce n'est pas pour qu'ils se protègent les uns et les autres, c'est pour qu'ils défendent les intérêts de la Nation.

Le Parlement, même sous le régime actuel, n'est pas institué que je sache pour former une société de secours mutuels contre la loi. Encore doit-il être un véritable syndicat financier où le groupe Vlasto pactise avec le groupe Cornélius Herz, où le groupe Cottu s'entend avec le groupe Arton.

Mais si graves que soient les complaisances des collègues pour les collègues — ce qui, sous le nom bénin de camaraderie, n'est autre chose que l'abandon de tout contrôle — combien plus grave est l'intervention protectrice des membres du gouvernement en faveur des coupables.

La grâce après la condamnation, l'amnistie après le châtiment, passe encore! mais le silence sur les fautes, le subterfuge pour assurer l'impunité, les faveurs aux coquins, cela devient, en fait et en droit, une autre, une seconde, une pire coquinerie.

Il y a d'autres malhonnêtetés que celles qui consistent à prendre l'argent d'autrui, d'autres escroqueries que de s'approprier le bien du prochain. La confiance publique aussi est un dépôt. La sauvegarde des intérêts du Peuple aussi est un fidéicommis. La défense de la fortune publique aussi est une dette. Or, vous entendrez, tout à l'heure, un ancien, un vrai magistrat, vous dire quel mandataire peu scrupuleux, quel fidéicommissaire parjure a été le ministre de l'intérieur du cabinet Ribot.

Eh bien! avant lui, à la Chambre des députés, il y a un an, M. Viviani désignait au mépris populaire cette justice à deux visages que nous savons avoir été dans cette circonstance un ministre à deux faces. Cette flétrissure infligée au plus puissant protecteur d'Arton et des panamistes a été affichée sur ces mêmes murailles où un an après, le Peuple de France pouvait lire non sans surprise, un message présidentiel signé du nom de ce même protecteur.

Que la vie privée de M. Loubet soit irréprochable, soit, mais ce n'est pas pour l'honorabilité de sa vie privée qu'il a été élu Président de la République. C'est pour sa vie publique. Ce n'est pas non plus parce que sa vie publique l'a fait juger meilleur républicain, meilleur parlementaire que MM. Dupuy ou Méline, Deschanel ou de Freycinet, non ; la vérité déplorable est que ce qui aurait dû être une raison pour écarter M. Loubet du rang suprême, est précisément ce qui l'y a fait monter.

Sa complicité passée était le gage de sa complicité future. Son inertie ne rassurait pas moins que son indulgence. Sa médiocrité était un garant. Son impopularité même, un espoir. Il serait, il était plus qu'aucun autre l'homme, la créature, la chose du Parlement. On le tenait. C'était le président de leur rêve, le président pour anciens coupables.

Mais, Messieurs, celui que tiennent les parlementaires tient la France...

En 1711, en Angleterre, le ministre Horace Walpole n'avait non plus rien détourné personnellement des deniers publics, mais il avait, lui aussi, couvert les prévaricateurs et les concussionnaires. Le ministre Walpole fut chassé du Parlement d'Angleterre, jugé, condamné et enfermé dans la Tour de Londres. En France, aujourd'hui Walpole serait à l'Elysée, Président de la République Française!

VIII

Sans doute, Messieurs, un tel langage est pénible à entendre ; il est encore plus douloureux à tenir.

Vous pouvez douter, vous, de la justesse de mes griefs, mais combien faut-il que je sois pénétré de leur vérité pour que je les formule ainsi publiquement.

Vous avez le droit, et j'ai besoin moi-même de chercher un peu de consolation en me tournant vers l'avenir. Si grave que soit cette situation, elle n'est pas désespérée. Il ne faut jamais désespérer d'une nation de braves gens, comme la nôtre!

L'odieuse constitution qui enveloppe la France, fausse ses mouvements, avilit son geste, entrave sa marche, n'est, Dieu merci ! pas une tunique de Nessus, ce n'est qu'une robe d'emprunt jetée par surprise sur ses épaules.

Et puisque, après l'en avoir revêtue malgré elle, les parlementaires se refusent à la lui enlever, puisqu'ils s'obstinent à imposer à notre patrie bien aimée ce travestissement anglo-germanique, contraire à toutes nos traditions, à tous nos instincts de vieux Gaulois, nous, les plébiscitaires, nous ferons tout pour l'en délivrer.

Que la lutte soit longue ou qu'elle soit brève, que la délivrance soit tardive ou rapide, elle sera.

Et la formule libératrice est tout entière contenue dans ce court décret : « La souveraineté nationale est rétablie. Le Président de la République française est élu et rééligible par le suffrage universel directement consulté. »

Est-ce à dire, Messieurs, que cette élection directe du chef de l'Etat soit ou doive être la suppression de toute autre représentation nationale ? En aucune sorte; mais cette restitution au Peuple de son représentant spécial le met à l'abri des exactions et de l'oppression à lui imposées par la collectivité omnipotente d'un Parlement sans contrôle et sans contrepoids. Conformément à la vieille doctrine de Montesquieu, de Jean-Jacques, de Mirabeau, de Danton, et de tant d'autres qu'on pourrait appeler les Pères de l'Eglise républicaine, nous ne demandons que l'application du principe vital de la séparation des pouvoirs.

Et comme c'est de la confusion du législatif et de l'exécutif qu'est venu tout le mal, c'est aussi à leur séparation absolue qu'il faut demander la guérison de la plus tyrannique et de la plus illogique des anarchies. Un président de la République indépendant dans l'origine et dans l'exercice de ses pouvoirs, voilà la clef de voûte de toute démocratie, qui veut rester une démocratie sans cesser d'être une Nation et d'avoir un Etat. Au lieu d'avoir à se préoccuper, pour son élection et pour sa réélection, de contenter et de ne gêner en rien, les huit cents électeurs actuels, le président plébiscité devra s'occuper des dix millions de Français qui l'auront élu et avoir constamment présents à l'esprit, sinon au cœur, ses devoirs envers la totalité de la Nation.

Ses ministres choisis par lui seront uniquement responsables devant lui, comme il le sera uniquement lui-même devant le Peuple. Au lieu de les prendre au hasard des combinaisons politiques, il les désignera sur leur capacité et sur leur spécialité, et ce sera un spectacle qui surprendra les générations nouvelles que de voir un diplomate aux affaires étrangères, un ingénieur aux travaux publics, un financier aux finances, un magistrat à la justice, un général à la guerre, un marin à la marine. Il n'est en effet qu'un ministère purement politique, le ministère de l'intérieur. En cas de conflits, qu'il faut prévoir, notre Président aurait lui aussi et bien plus efficacement, bien plus sincèrement que leur Président parlementaire, le droit de dissoudre les Chambres et de consulter le Pays. Dissolution et consultation qu'il se déciderait d'autant moins à risquer arbitrairement que de la réponse que pourraient lui faire ses électeurs dépendrait forcément sa réélection personnelle.

Car il importe qu'il soit indéfiniment rééligible, d'abord pour laisser le seul Peuple juge des services rendus et des services à rendre, ensuite parce que c'est de l'interdiction de toute réélection inscrite dans la loi organique de 1848 qu'est né le coup d'Etat de 1852.

Bon serviteur, il sera gardé ; mauvais, il sera chassé. Et, comme ce serait son impopularité qui l'empêcherait d'être réélu, cette même impopularité lui rendrait impossible toute tentative d'usurpation.

Ni coup d'État gouvernemental, ni coup de force révolutionnaire n'ont jamais abouti qu'avec l'approbation tacite et par le consentement quasi unanime du pays. D'autres m'ont objecté que ce mode d'élection exposait un peuple au danger de l'engoûment et de la surprise. Mais la campagne électorale présidentielle ne se fera pas dans l'ombre et ne durera pas qu'un jour. Elle donnera lieu, comme toutes les campagnes électorales, à des débats, à des réunions publiques où la voix des représentants des diverses régions de la France sera entendue, où elle sera écoutée en raison de l'influence personnelle de chacun d'eux. Il y aura discussion, il y aura discernement, il y aura choix. Cela se passe ainsi, même dans l'élection à deux degrés du Président de la République des Etats-Unis, qui est au fond une véritable élection directe et plébiscitaire, puisque le mandataire une fois choisi pour aller porter au Congrès le vote des provinces, n'a plus le droit d'y rien changer. Cela est si vrai, que le seul choix des délégués présidentiels fait connaître, six mois d'avance, quel sera le futur président. Cette mission de seconde main, qui me semble tant soit peu superflue, est analogue en fait à celle que remplissent chez nous les gendarmes quand ils emportent purement et simplement au chef-lieu du département les résultats des votes des communes.

Et puis, pourquoi cette indigne méfiance du suffrage universel ? Parce qu'il a demandé, un jour, au général Boulanger, de briser ses chaînes ? Mais d'abord, cet accès d'enthousiasme pour lui n'était, je le répète, qu'un accès de colère et d'indignation contre le régime.

Il n'était ni illogique, ni irréfléchi, le mouvement qui poussait la France à demander sa libération à un libérateur, quel qu'il fût.

Le vrai crime est d'avoir exaspéré le pays. Il ne faisait qu'user de son droit de défense. Et rien ne prouve, rien ne permet de dire que sa liberté une fois conquise, la nation n'eût pas confié à une Constituante la tâche d'établir une nouvelle constitution républicaine.

Nous l'affirmions tous alors, et nous n'avons rien fait, ni rien dit qui ait mis personne en droit d'en douter.

Mais enfin, avant Boulanger, à l'époque plus libérale des candidatures multiples, quels avaient été les noms mis en avant par le plus grand nombre des départements ? Thiers et Gambetta. Etaient-ce les plus mauvais, les plus inintelligents, les plus indignes ? Qui oserait le dire ? Assurément les choix du Peuple, quand il est libre de les faire, correspondent toujours à ses aspirations et à ses besoins, mais ses aspirations et ses besoins, ce sont ses droits.

Elle est de Montesquieu aussi cette affirmation :

« Le Peuple est admirable pour choisir ceux à qui il doit confier quelque partie de son autorité. »

Je ne dis pas, Messieurs, que les détenteurs du pouvoir aient intérêt à s'en remettre au Peuple du choix de son guide, je dis qu'après l'abîme de misères et d'humiliations où ils nous ont conduits, ils n'ont plus le droit de s'y opposer.

Plébisciter le chef de l'État ! Il n'est que ce moyen de couper court à ce va et vient d'ambitions qui est l'essence même du parlementarisme. Tout y est et tout n'y peut être que candidatures perpétuelles. Candidatdéputé, on devient candidat-ministre, puis candidat-président du Conseil, puis candidat-président de la République. Personne ne remplit ses fonctions pour ses fonctions mêmes. C'est l'anarchie dans la compétition avant d'être l'anarchie au pouvoir.

Quant à ceux qui prétendent remédier aux désordres actuels en faisant prendre des ministres en dehors des Chambres par un président que les Chambres ont choisi elle-mêmes, c'est vouloir substituer les crises présidentielles aux crises ministérielles. Ce n'est pas du tout renforcer l'Exécutif, c'est encore l'affaiblir.

Le vieux mot latin dont je me sers pour désigner en bloc toute la réforme constitutionnelle que je préconise, est suspect, je ne l'ignore pas, à bon nombre de républicains. On en a fait habilement le synonyme de confiscation de la liberté, alors que, par le sens même du terme, il est la consécration de l'exercice plénier des droits du Peuple.

Plebei scita vel decreta. Tel fut le premier cri d'émancipation des plébéiens de Rome disputant et arrachant enfin le pouvoir aux patriciens. Ce n'est pas une raison parce que le plébiscite a naguère servi à fonder un Empire, pour qu'il ne serve pas, aujourd'hui, à restaurer la République.

Rendre la parole au Peuple, refaire la France à son image, redonner, grâce à lui et par lui, une tête virile et un cœur généreux à cette République qui n'a plus ni cœur ni tête, voilà le but ; quant au moyen, il a été clairement indiqué dans ce lambeau de phrase jeté par moi l'autre jour au général Roget : « Un Quatre-Septembre militaire sans effusion de sang. »

Pronunciamento, ont dit les uns ; en aucune sorte.

Le pronunciamento est une conspiration exclusivement militaire. C'est un groupe d'officiers, qui se décide à tenter un coup et l'opération ne peut avoir lieu qu'avec des soldats et des sous-officiers de métier que leur chef tient dans la main comme un faisceau. C'est l'anéantissement du Pouvoir civil.

Coup d'Etat, se sont écriés les autres. Pas davantage. Le coup d'Etat est une opération purement gouvernementale qui ne peut être accomplie que par des gens déjà au pouvoir.

Le vrai nom de l'acte qui a échoué, mais qui n'échouera pas toujours, *c'est la révolution populaire soutenue par l'armée.* Le général qui nous eût suivis n'eût été que l'escorte du Peuple. Le gouvernement qui se fût constitué sous sa garde n'eût été que le libérateur du suffrage universel et le gardien respectueux des urnes.

S'il en est parmi vous qui, tout en approuvant mon programme et mon but, s'inquiètent ou s'indignent même du moyen préconisé, je reconnaîtrai bien volontiers avec eux que mieux vaudrait qu'il n'y eût pas besoin ni de révolution populaire, ni de révolution militaire pour modifier ce qui est; mais croyez-vous qu'il suffira d'un mouvement de vos lèvres ou des miennes balbutiant pour la millième fois : « Cela ne peut pas durer », pour que tout ce qui dure, depuis vingt-huit ans, cesse tout à coup, comme par enchantement ?

Vous avez soif d'honnêteté, ô honnêtes gens, vous avez faim d'ordre et de quiétude, ô gens paisibles, et vous savez bien que ce ne sont ni vos soupirs ni vos plaintes qui obtiendront jamais cette légitime aumône des mains parlementaires.

Puis, je vous l'ai dit et je vous le répète encore, il ne saurait y avoir changement de régime sans renversement de pouvoir.

Seulement, vous voudriez bien, n'est-ce pas, que les artisans de délivrance ne soient pas des fauteurs de troubles et vous leur diriez volontiers : « Cassez tout, mais n'abîmez rien. »

Eh bien! si! il faudra momentanément abîmer quelque chose, le moins de choses possible, assurément, et c'est même pour obtenir ce minimum de dégâts qu'il est nécessaire d'unir la nation en armes à la nation sans armes.

Prenez-en votre parti, frères français, il n'y aura plus de liberté pour nous sans libération; on ne vous restituera que ce que nous reprendrons.

Cette reprise ne peut être accomplie que sous deux formes : ou bien le soulèvement isolé d'une partie du Peuple, légalement et forcément alors combattu par l'armée, c'est-à-dire beaucoup de luttes, beaucoup de deuils et beaucoup de sang, ou bien la marche parallèle et simultanée du Peuple et de l'Armée, c'est-à-dire le balayage rapide, l'ordre dans le tumulte, la victoire sans larmes. Choisissez.

Que s'il s'élève au fond de vos consciences républicaines une appréhension secrète de l'avènement d'un pouvoir exclusivement militaire, qui serait lui aussi une autre forme de tyrannie, à laquelle je ne voudrais condamner ni moi, ni personne, dites-vous que c'est précisément ce mélange de civils et de soldats qui empêcherait, et préviendrait peut-être, cette autre forme d'usurpation, car enfin ce que je propose à l'armée de faire avec nous, n'avez-vous pas le sentiment qu'un jour pourrait venir où elle l'exécuterait toute seule ?

Oh! sans doute, un tel langage sonnera mal aux héritiers du 4 septembre.

Dès demain, le Palais-Bourbon, dès ce soir peut-être, le Palais de l'Elysée retentira de leurs protestations indignées. Ils déclareront du haut de leur civisme impeccable qu'il est criminel de vouloir jeter l'armée dans la politique. Je leur répondrai que c'est eux d'abord qui ont laissé jeter de la politique sur l'armée à pleines mains, à pleins seaux, à pleins baquets. Je leur répondrai qu'il est impossible que les mêmes hommes, qui en 1869 reprochaient grossièrement à l'Empire de ne s'appuyer que sur des baïonnettes inintelligentes, que ces mêmes hommes qui traitaient de vil prétorien le moindre factionnaire montant la garde à la porte des Tuileries, aient la prétention d'avilir et d'abêtir plus encore notre armée nationale, notre armée à nous, en faisant de nos fils et de nos frères les sentinelles muettes, aveugles et sourdes de leurs prétoires, de leurs tripots et de leurs maisons de banque.

Non, je n'ai pas dit à nos petits soldats de désobéir à leurs chefs, non je ne leur ai pas conseillé de déserter le drapeau de l'ordre et de passer au service de l'émeute. J'ai supplié un de leurs généraux d'avoir pitié de la France, de la République et de la Patrie.

J'ai jeté cet appel le lendemain du jour où l'élévation au rang suprême d'un ancien ministre politiquement flétri, avait soulevé ma conscience et marqué un degré de plus dans l'abaissement.

Devant l'acte de discipline du général Roget, la révolution du dégoût a fait une courte halte.

Mais elle reprendra sa marche, et il faudra bien que l'armée suive à l'heure décisive où la main du Peuple saisira, brutale et souveraine, la bride dorée qui s'est arrachée l'autre jour à mon étreinte.

Le salut est là et il viendra de là pour la République et pour la Patrie.

DISCOURS

DE

MARCEL HABERT

Aux Jurés de la Seine

29 Juin 1899

MESSIEURS LES JURÉS,

Il est exact que, le 23 février, j'ai tenté avec Paul Déroulède d'entraîner le général Roget et sa brigade dans un mouvement insurrectionnel contre le gouvernement parlementaire.

Je ne comprends pas, cependant, la distinction qu'essaie d'établir l'accusation entre ce que nous avons fait et dit place de la Nation ou rue de Reuilly et ce que nous avons fait et dit dans l'intérieur de la caserne.

Dehors comme dedans, pour essayer d'atteindre le même résultat, nous avons tenu le même langage.

Jamais il n'est entré dans notre esprit d'entraîner les soldats malgré la volonté, malgré, comme le dit l'accusation, les ordres formels de leur général.

Nous voulions avoir avec nous le général et sa troupe, mais non la troupe sans le général.

Cette réserve faite, s'il ne s'agissait pour vous que de prononcer sur les faits, je n'aurais plus rien à vous dire.

Mais vous n'êtes pas seulement les juges du fait, vous êtes les juges de l'intention. Vous avez donc le droit d'examiner les motifs qui ont dirigé notre action, nous avons, nous, le devoir de vous les expliquer.

Je tiens, tout d'abord, à placer au début de mes explications une déclaration formelle,

C'est en complet accord avec Paul Déroulède, c'est après avoir pesé la gravité de l'acte que nous allions accomplir ensemble que, le 23 février, j'ai marché à ses côtés.

Je prends donc résolûment ma part de responsabilité dans tout ce qui s'est passé ce jour-là.

Je pourrais, cependant, vous donner une autre explication de ma conduite.

Il me suffirait, pour me défendre, de vous dire que j'ai suivi Paul Déroulède par amitié et par discipline.

Et cette défense serait comprise et approuvée par tous les membres de la Ligue des Patriotes qui sont prêts à dire la même chose et prêts à agir comme j'ai agi.

C'est, en effet, de propos délibéré que nous avons choisi notre chef et que sous sa direction nous nous sommes imposé une discipline rigoureuse. Et nous avons conscience de donner un exemple qui pourrait être utilement suivi.

Car si la discipline est indispensable à tout groupement social, s'il n'y a ni famille, ni entreprise sans discipline, s'il n'y a plus sans elle ni armée, ni nation, nous vivons en un temps où certains intellectuels semblent préférer l'anarchie à l'obéissance.

Et nul symptôme n'est plus inquiétant. C'est une marque certaine de décadence. Car c'est aux époques d'abaissement et de médiocrité que les hommes supportent avec le plus d'impatience l'empire des supériorités.

Chacun se croit alors capable de commander, personne ne veut obéir.

Le désordre et l'impuissance envahissent nécessairement les nations qui sont en proie à cet état d'esprit anarchique.

Nos Ligueurs sont au contraire des hommes de discipline. Ils savent que l'obéissance n'a rien de commun avec la servitude.

Ils considèrent avec raison qu'ils font acte d'indépendance en acceptant volontairement la direction d'un chef librement choisi par eux.

Surtout lorsque ce chef s'appelle Paul Déroulède.

Car il ne suffit pas à une troupe d'être disciplinée, il lui faut encore un chef digne de la conduire.

A ceux qui savent obéir, il faut savoir commander.

Nous avons su trouver le chef qu'il nous fallait ; et l'on ne conçoit pas la Ligue des Patriotes sans Paul Déroulède.

Me Falateuf, l'éminent bâtonnier, qui veut bien apporter à l'appui de notre cause l'autorité de son grand talent et de sa longue vie d'honneur et de travail, vous montrera bientôt dans Paul Déroulède le soldat, le poète et le réformateur.

Je n'envisage en lui, en ce moment, que le chef et l'organisateur.

Je veux vous faire connaître le secret de la confiance qu'il nous a inspirée.

⁂

Nous avons confiance en lui, parce que nous connaissons sa vie, parce que nous savons qu'il est toujours prêt à donner l'exemple à ceux qu'il commande et qu'il n'exige jamais rien d'eux qu'il ne soit prêt à faire lui-même.

Quelques faits vous le démontreront mieux que des phrases.

Le premier qui me revient en mémoire est un épisode de la campagne de l'Est :

C'était à la fin de la campagne ; l'armée était en pleine retraite.

Paul Déroulède, lieutenant de turcos, commandait l'arrière-garde et ralliait avec quelques tirailleurs le gros de la colonne.

Il avait été obligé de faire un détour pour éviter un village que les Allemands venaient d'occuper.

A peine avait-il dépassé la crête d'une petite colline, qu'il vit tout à coup accourir à sa rencontre une nuée de mobiles, sans armes et sans sacs.

« Emmenez-nous, mon lieutenant, s'écrièrent-ils, nous sommes perdus. »

« Je conduis une troupe et non un troupeau », répondit Déroulède. Où sont vos fusils, où sont vos sacs ? »

« Nous les avons jetés là-bas », répondirent les mobiles, montrant la plaine qui séparait le coteau du village.

« Allez les chercher, je vous attendrai. »

Quelques minutes après, environ deux cents mobiles, sac au dos, fusil en main, étaient alignés devant Paul Déroulède qui passait l'inspection des armes.

Quand il se fut assuré que les cartouchières étaient pleines, il mit sa petite troupe en marche à travers bois, déployée en ligne de tirailleurs.

On avançait depuis quelque temps, lorsqu'un bruit se fit entendre en arrière ; bientôt les balles sifflèrent : les Allemands donnaient la chasse.

« Face à l'ennemi. — Chargez vos armes », commande Déroulède.

L'ordre fut exécuté, personne ne lâcha pied ; les Allemands, intimidés, s'arrêtèrent, puis disparurent.

Des fuyards de tout à l'heure, Paul Déroulède, par son calme, son courage et son énergie avait fait des soldats.

Quelques semaines plus tard, il commandait comme lieutenant de chasseurs à pied une compagnie formée de jeunes recrues qui n'avaient pas encore vu le feu.

Il s'agissait de passer un pont balayé de loin par la fusillade, et quand Paul Déroulède donna l'ordre d'avancer, personne ne bougea.

« Il n'y a donc pas un homme parmi vous ! », s'écria-t-il. Un sergent, nommé Munier, se présenta.

Alors Déroulède et le sergent prirent de chaque main un chasseur par le bras et rapidement, poussant les quatre hommes, ils traversèrent le pont.

Ils refirent ce périlleux voyage jusqu'à ce que la compagnie tout entière eût passé le pont, comme des instructeurs qui aident de jeunes soldats à passer pour la première fois le portique du gymnase.

Par un miracle, aucun homme ne fut atteint. Mais si personne n'était blessé, la peur était morte et désormais les petits vitriers devaient suivre partout sans trembler celui qui leur avait appris le courage.

***

Tel il fut en campagne, tel nous l'avons connu.

Sorti de l'armée, à la suite de sa blessure, il resta soldat dans l'âme.

Ne pouvant plus directement instruire les recrues, il s'efforça de préparer les jeunes Français à leur devoir militaire.

A la tête d'un groupe de patriotes, parmi lesquels je dois citer en première ligne MM. Sansbœuf et Mérillon, il organisa l'éducation militaire en encourageant les sociétés de gymnastique et en fondant à ses frais les concours de tir.

Il insufflait à tous son ardeur. En même temps qu'il assouplissait aux exercices physiques les corps des jeunes hommes, il affermissait leur âme en publiant les « Chants du soldat ».

Il fondait enfin cette belle Ligue des Patriotes, école de discipline et de devoir, ouverte à tous les braves gens, redoutable à tous les coquins.

Je ne vous parlerai pas de ce que pendant 16 ans la Ligue a fait avec Paul Déroulède.

Seuls les événements récents vous intéressent.

Quand l'anarchie menaçait de tout envahir, quand elle prétendait tenir la rue, il a fait à la Ligue un vibrant appel et la Ligue s'est groupée autour de lui.

Il sut alors ranimer les cœurs et réveiller les énergies, en prodiguant partout son courage et son éloquence.

Salle Wagram, où les anarchistes avaient osé donner rendez-vous au peuple de Paris, Déroulède répond : « J'y serai », et 20,000 bons Français y sont avec lui.

Salle Chaynes, il pénètre seul dans une salle en fureur, il brave les violences et les outrages des anarchistes. Il proclame, au milieu de leurs cris de rage, son amour de l'armée et de la patrie.

Partout il paie de sa personne.

Aussi, comme les mobiles et comme les petits chasseurs de 1870, ceux qu'il a su grouper autour de lui sont prêts à le suivre partout.

Ils ont eu la preuve de son désintéressement, ils connaissent le but élevé qu'il vise, ils se répètent les vers qu'il a écrits :

> Depuis vingt-huit ans, j'espère quand même ;
> Qu'ils soient ce qu'ils sont, les gens au pouvoir,
> Moi, c'est avant tout mon peuple que j'aime,
> Et lui qui peut tout saura tout vouloir.
> Depuis vingt-huit ans, j'espère quand même,
> Fort de mon amour, sûr de mon espoir.

Vous savez maintenant, Messieurs, pourquoi nous n'hésitons jamais à suivre partout notre chef.

En suivant Paul Déroulède, on risque parfois sa vie ou sa liberté ; mais on ne risque jamais son honneur. Je connais peu de chefs de parti, de qui, à notre époque, on puisse en dire autant.

***

Mais, Messieurs, je vous l'ai dit, ce n'est pas seulement par affection et par discipline que j'ai suivi Paul Déroulède.

C'est consciemment, c'est volontairement que je me trouvais à ses côtés place de la Nation.

J'avais, comme lui, la haine du régime parlementaire. J'avais, comme lui, formé depuis longtemps le projet de le renverser. Les moyens qu'il comptait employer pour y parvenir, je les connaissais et je les approuvais.

Comment suis-je parvenu à cet état d'esprit ? Je vais essayer de vous le faire comprendre.

Je suis arrivé à détester le régime parlementaire. D'abord par l'étude, ensuite par l'expérience. En entrant au Parlement en 1893, j'avais la conviction raisonnée que ce régime était détestable ; j'en ai aujourd'hui la preuve.

Paul Déroulède vient de vous faire le triste tableau de l'état dans lequel trente ans de ce régime ont mis notre pays.

Le mal est maintenant évident.

Pourtant la France a été longue à s'en apercevoir.

Elle n'est pas atteinte, en effet, d'une de ces maladies aiguës dont la douleur est si intolérable qu'on ne peut la supporter.

Elle est atteinte au contraire d'une maladie de langueur, d'une de ces maladies, employons le mot, constitutionnelles, dont le malade ne souffre pas vivement, mais dont il dépérit lentement.

Il ne s'aperçoit du ravage fait en lui-même qu'en regardant un de ses anciens portraits et en le comparant à son visage amaigri.

C'est ainsi que nous pouvons constater le mal fait à la France par les parlementaires en comparant à la triste réalité que nous avons sous les yeux l'admirable idéal que s'étaient fait en 1870, les jeunes républicains de la jeune République.

Vous étiez de ceux-là, mon cher Déroulède, et vous avez pu justement dire l'un des premiers, en voyant s'écrouler toutes vos espérances : « Je n'ai jamais mieux aimé la République que sous l'Empire. »

Et c'est cette même idée qu'exprimait récemment notre grand Forain, dans un de ces admirables et cruels dessins, où il montre la République parlementaire, sous les traits d'une femme laide et vulgaire dont un passant dit avec tristesse :

« Elle était si belle sous l'Empire ! »

Ah certes, oui, elle était belle dans l'imagination du peuple exalté la déesse de la Liberté.

Elle était belle la République réparatrice, née dans un jour de deuil, mais aussi dans un jour d'espérance et bercée dans les plis encore noirs de poudre et déchirés de balles du drapeau tricolore.

Mais vous savez ce que les parlementaires ont fait de cet idéal.

Vous savez par quel lent travail de corruption ils ont souillé et flétri la vierge radieuse que l'Assemblée nationale avait confiée à leurs mains indignes.

A l'œuvre on connait l'ouvrier, dit le proverbe.

A voir ce qu'ils ont fait du trésor précieux dont ils avaient la garde, on peut dire que les mauvais ouvriers parlementaires sont connus, jugés et condamnés.

***

Est-ce la Constitution de 1875, qu'il faut rendre responsable de cette faillite de la troisième République ?

Pour répondre à cette question, il est nécessaire d'examiner d'un peu près ce qu'on appelle le régime parlementaire.

Tout régime démocratique repose sur le principe fondamental de la séparation des pouvoirs.

Vous savez en quoi il consiste :

Sous la monarchie absolue, le roi avait tous les pouvoirs : faire les lois, lever les impôts, en dépenser le revenu, administrer l'État, nommer aux charges publiques.

La Révolution, en renversant la Monarchie, a retiré au roi et rendu au Peuple la souveraineté absolue qui n'appartient qu'à lui.

Elle a ainsi fondé la République, où le Peuple souverain est seul maître de faire les lois, d'administrer son domaine, de rendre la justice et de régler ses dépenses.

Mais il est bien évident que le gouvernement direct du Peuple par le Peuple est difficilement réalisable en pratique.

Les Assemblées générales de la nation ne peuvent régler elles-mêmes les multiples questions que soulève à chaque instant l'administration d'un Etat. S'il garde en principe la souveraineté, en fait le Peuple la délègue en partie à divers représentants qu'il charge d'exercer ses droits en ses lieu et place.

C'est au nom du Peuple souverain que les législateurs font les lois, que les juges rendent la justice et que le Gouvernement gouverne.

Le Peuple ayant ainsi délégué ses pouvoirs à divers représentants, on appelle ce régime le régime représentatif.

*
* *

Dans le régime représentatif, les lois sont faites par une Assemblée de législateurs que l'on appelle le Parlement; la justice est rendue par des juges réunis en tribunal; le pouvoir exécutif est exercé par le Gouvernement.

Le principe de la séparation des pouvoirs consiste à confier ces trois pouvoirs, l'exécutif, le législatif et le judiciaire, à des corps ou à des personnes indépendants les uns des autres et à veiller à ce que chacun d'entre eux agisse librement et n'ait de comptes à rendre de ses actes qu'à la nation souveraine.

Si l'un de ces pouvoirs dépend de l'autre, le contrôle de la Nation est diminué; l'un des pouvoirs grandit aux dépens de la souveraineté du Peuple sur laquelle il empiète; les libertés publiques sont compromises.

Si, par exemple, le chef du pouvoir exécutif peut nommer et révoquer à son gré les législateurs et les juges, il est bien certain que les lois seront faites comme il l'ordonne, que les jugements seront rendus comme il le désire. Tous les pouvoirs étant alors concentrés entre les mains du chef de l'Etat, c'est lui qui, pendant tout le temps que durera le mandat à lui confié, sera seul souverain. C'est la suppression de la liberté par la tyrannie d'un homme. C'EST LE RÉGIME DU POUVOIR PERSONNEL.

Si c'est au contraire le pouvoir législatif qui peut à son gré nommer et révoquer les juges et les ministres, la situation est identiquement la même.

Les pouvoirs, au lieu d'être confondus dans les mains du chef de l'Etat, sont confondus dans les mains du Parlement, et c'est le Parlement qui pendant toute la durée de son mandat est seul souverain. C'est la suppression de la liberté par la tyrannie d'une assemblée. C'EST LE RÉGIME PARLEMENTAIRE.

Dans ces deux régimes, le Peuple abdique sa souveraineté durant l'intervalle qui sépare les élections.

Au contraire, si la Nation nomme directement ses divers représentants, s'ils ne peuvent se révoquer mutuellement, si les législateurs ne peuvent renvoyer les ministres, si les ministres ne peuvent retirer leur mandat aux législateurs, si enfin les juges sont inamovibles, il est bien évident que ces différents pouvoirs sont exercés avec indépendance et que les libertés seront mieux assurées.

Le principe de la séparation des pouvoirs, garantie de la liberté, repose donc sur l'élection des divers représentants du Peuple par le Peuple lui-même, et l'application au régime représentatif du principe de la séparation des pouvoirs entraîne nécessairement l'élection par le Peuple de ses divers représentants. C'EST LE RÉGIME PLÉBISCITAIRE.

***

Il n'y a sur cette question de la séparation des pouvoirs aucune divergence dans l'esprit des fondateurs de la République.

« Pour qu'on ne puisse abuser du pouvoir, écrit Montesquieu, il faut que, par la disposition des choses, le pouvoir arrête le pouvoir. »

Et, plus loin :

« Lorsque dans la même personne ou dans le même corps de magistrature, la puissance législative est réunie à la puissance exécutrice, il n'y a plus de liberté... Tout serait perdu si le même homme, ou le même corps des principaux, ou des magistrats, ou du peuple, réunissait les trois pouvoirs. »

Et la Constituante inscrit dans l'article 16 de la déclaration des Droits :

« Toute Société, dans laquelle la séparation des pouvoirs n'est pas déterminée, n'a pas de constitution. »

Siéyès parle, lui, de : la division des pouvoirs ou, si vous aimez mieux, des procurations diverses qu'il est de l'intérêt du Peuple et de la liberté publique de confier à divers corps de représentants. »

Enfin Saint-Just s'écrie à la Convention :

« Les tyrans divisent le peuple pour régner ; divisez le pouvoir, si vous voulez que la liberté règne à son tour. »

Et il ajoute, montrant qu'il n'y a aucune différence entre le pouvoir absolu d'un roi et le pouvoir absolu d'un Parlement :

« La Royauté n'est plus dans le Gouvernement d'un seul, elle est dans toute puissance qui délibère et qui gouverne. »

L'unité de doctrine est donc complète.

Elle ne l'est pas moins sur la nécessité de laisser au Peuple seul le droit exclusif de choisir ses représentants et de les remplacer s'ils ont mal rempli leurs fonctions.

« Les ministres, disait Pétion, sont les hommes de la Nation ; pourquoi ne seraient-ils pas nommés par le Peuple ? »

Et Danton proclamait, le 10 mai 1793 :

« Il faudra que le pouvoir exécutif soit élu par le Peuple ; il faudra l'investir d'une grande puissance et la balancer par une autre. »

Ce principe plébiscitaire, toutes nos constitutions républicaines l'ont reconnu et consacré jusqu'en 1848.

Les constitutions de toutes les républiques du monde, sauf la République française actuelle et quelques Républiques de l'Amérique du Sud, le reconnaissent et le consacrent.

Nous avons donc le droit de dire que la République à pouvoirs séparés et indépendants, que la République où tous les représentants de la nation sont élus et contrôlés directement par le Peuple, que la République plébiscitaire, en un mot, est la fille légitime de la Révolution.

La République parlementaire n'en est que la fille bâtarde ; le sang qui coule dans ses veines est celui de l'assemblée royaliste de 1871.

Le régime parlementaire n'est pas, comme on pourrait le croire, tout régime dans lequel il existe un Parlement. C'est le régime dans lequel le Parlement domine et concentre en réalité en ses mains tous les pouvoirs.

Dans le régime parlementaire le pouvoir exécutif dépend du pouvoir législatif. Le Parlement peut, quand il le veut, changer les ministres qui lui déplaisent.

Les ministres ne sont plus les représentants de la nation souveraine, ils sont les commis du Parlement souverain. Ce n'est plus la séparation, c'est la confusion des pouvoirs.

« Le gouvernement parlementaire, a-t-on pu dire en Angleterre, n'est pas « autre chose que le pouvoir exécutif exercé par un Comité que nomme la « Chambre et qu'elle peut révoquer à son gré. »

C'est là précisément ce que redoutait Montesquieu, lorsqu'il écrivait :

« S'il n'y avait point de monarque et que la puissance exécutive fût confiée à un certain nombre de personnes tirées du Corps législatif, il n'y aurait plus de liberté. »

C'est une « procuration », disait Siéyès, que donne le peuple souverain à ses représentants.

On peut dire que dans le régime parlementaire cette procuration est une procuration générale et qu'un peuple qui la consent abdique sa personnalité.

Mais vouz savez aussi que cette procuration n'a jamais été consentie par la nation française.

Vous savez que les parlementaires se la sont donnée à eux-mêmes sans la consulter.

Le Peuple n'a jamais abdiqué ses droits, les parlementaires les lui ont volés.

Et dans ces droits, ils se sont taillé large part : pouvoir de voter les impôts et de surveiller les dépenses, pouvoir de faire les lois, pouvoir de faire et de défaire les gouvernements, pouvoir de nommer le chef de l'État et par lui tous les fonctionnaires et tous les juges, pouvoir enfin de reviser à leur gré la Constitution elle-même; ils ont tout concentré entre leurs mains.

On peut dire qu'il n'est pas de monarque en Europe qui jouisse du pouvoir absolu sans contrôle et sans contrepoids dont jouit, dans l'intervalle des élections, le Parlement français.

« Dans le régime parlementaire le Peuple pense être libre; il se trompe « fort, il ne l'est que durant l'élection des membres du Parlement; sitôt « qu'ils sont nommés, il est esclave, il n'est rien. »

Qui donc a écrit cela? C'est Rousseau, il y a cent ans, dans le *Contrat social.*

Que dirait ce grand penseur, Messieurs, s'il pouvait revivre parmi nous et s'il trouvait après un siècle la France dépérissant sous l'absurde régime qu'il avait par avance si justement condamné?

***

Le résultat de cette confusion des pouvoirs a été de porter le désordre dans tous les services publics.

En donnant au Parlement les pouvoirs politiques, on a troublé le fonctionnement de son pouvoir normal.

Les parlementaires devenus gouvernants ont été de mauvais législateurs et de mauvais contrôleurs financiers.

Gênant l'action du pouvoir exécutif ils ont été gênés eux-mêmes dans leur travail.

Gouverner est le fait d'un seul, délibérer est le fait de plusieurs.

En plaçant la direction réelle du gouvernement dans les assemblées, la Constitution de 1855 a consciemment organisé l'anarchie parlementaire.

Passons rapidement en revue ces divers pouvoirs confondus dans les mains des parlementaires :

1° Pouvoir financier.
2° Pouvoir législatif.
3° Pouvoir politique.
4° Pouvoir constituant.

I

POUVOIR FINANCIER

Au point de vue financier, vous savez où nous en sommes.

A quoi tient ce gaspillage incessant de la fortune du pays? — A ce que les parlementaires ont des pouvoirs exorbitants.

Comme le roi, sous l'ancien régime, le Parlement est à la fois contrôleur et contrôlé, créateur d'impôts et répartiteur des dépenses.

Le rôle des représentants financiers de la nation devrait consister à surveiller étroitement les comptes du Gouvernement, à supprimer les dépenses inutiles et à les réduire au strict nécessaire.

C'est tout le contraire qui se passe.

Ce sont les parlementaires qui proposent à l'envi les augmentations de dépenses; ce sont eux qui s'élancent à l'assaut du budget.

Les rôles sont renversés; et c'est le Gouvernement qui en est réduit à défendre contre les appétits des parlementaires la fortune du pays dont ils ont cependant la garde.

Ces singuliers contrôleurs mettent eux-mêmes à sac les finances de l'État.

Ils rappellent ces voleurs qui, pour dévaliser une maison, se déguisent en gendarmes et en agents de police.

Les dépenses qu'ils prodiguent ne sont pas celles qui sont utiles au pays, mais celles qui sont de nature à éblouir les électeurs.

Ils payent avec l'argent des contribuables leur réclame électorale,

Tel ce personnage de comédie, qui, nommé conseil judiciaire d'une jeune et jolie prodigue, en devient l'amant et accorde avec complaisance aux fantaisies de sa maîtresse les revenus qu'il aurait le devoir de refuser aux prodigalités de sa pupille.

Quant à la façon dont ils discutent le budget, vous la connaissez.

Les douzièmes provisoires succèdent aux douzièmes provisoires, et les voici maintenant réduits à essayer, pour rattraper le temps perdu, de voter le même budget pour deux années.

Connaissez-vous, Messieurs, une maison de commerce qui supporterait un pareil régime sans faire faillite?

C'est que, dans la discussion du budget, on s'occupe de tout autre chose que des finances de l'État.

La politique étant la grande affaire du Parlement, chaque chapitre du budget est un traquenard dans lequel on espère faire trébucher le Gouvernement.

On interpelle chacun des ministres à propos des crédits qui sont propres à son ministère.

La discussion du budget est une course d'obstacles où le Gouvernement rencontre à chaque instant la banquette irlandaise sur laquelle les parieurs du camp opposé espèrent lui voir faire panache.

Il est temps que la Nation souveraine rappelle à la pudeur ces singuliers représentants; il est temps, si elle ne veut pas se voir ruiner par ses mandataires infidèles, qu'elle leur retire le droit abusif de proposer des augmentations de dépenses.

Elle a le droit d'exiger qu'avant chaque législature, on lui présente le programme définitif des dépenses nouvelles.

Il sera même peut-être nécessaire que le Peuple reprenne un jour sur ce point l'exercice direct de sa souveraineté et qu'il ne laisse plus la liberté aux parlementaires de consentir une augmentation d'impôts, sans que la Nation soit consultée.

II

POUVOIR LÉGISLATIF

Le pouvoir législatif est le pouvoir propre du Parlement.

Il semble au moins que nous allons trouver ici la compensation du mal constaté ailleurs; il n'en est rien.

La fabrication des lois utiles au pays suffirait à occuper et au-delà les facultés de travail des représentants du peuple, qui devraient pouvoir les discuter en toute indépendance. C'est le contraire qui se produit, dans le régime parlementaire.

« Qui trop embrasse mal étreint », dit le proverbe.

Les parlementaires sont si bien convaincus de cette vérité que, sentant qu'ils ne peuvent s'occuper à la fois de faire des lois et de renverser des ministères, ils désertent complètement le travail législatif pour l'agitation politique.

Aussi, ce travail est-il complètement négligé.

La rédaction des lois est défectueuse.

Les parlementaires ne corrigent pas leur incompétence naturelle par le travail. Ils rédigent des lois en séance par voie d'amendement. Comme si les lois qui régissent un grand peuple pouvaient ainsi s'improviser!

Les ministres, harcelés par la bataille de chaque jour, ne peuvent consacrer le temps nécessaire à la mise sur pied des élucubrations hâtives des députés.

Ceux-ci, jaloux de leurs prérogatives, ont eu soin de briser l'instrument précieux du Conseil d'Etat.

Ils auraient cependant tout à gagner à faire passer leurs projets sous les yeux de conseillers techniques qui pourraient réparer leur œuvre informe et la rendre présentable.

La discussion des lois en séance publique n'est pas plus sérieuse. L'exercice du pouvoir politique intéresse seul nos législateurs; le travail législatif les ennuie.

Seules les séances d'interpellation, celles où se discutent des lois à propos desquelles l'existence des ministères est mise en jeu attirent leur attention.

Ces jours-là, la salle est pleine.

Mais quand les Chambres discutent des lois d'affaires, ces lois dont dépendent le travail, le commerce, la richesse de la Nation, la salle est vide. Quelques douzaines de députés écoutent d'une oreille distraite des débats auxquels sont suspendus les intérêts vitaux du pays.

Les autres sont à leurs plaisirs ou à leurs affaires. Mais ils ont soin, bien entendu, de laisser dans le pupitre d'un de leurs amis la boîte de leurs bulletins de vote. Et, bien qu'ils soient absents de la séance, leur nom paraît à l'*Officiel*, grâce au scandaleux abus du vote par procuration, que, Déroulède et moi, nous avons vainement essayé de détruire, tant il est commode à la paresse de nos rois fainéants.

Mais là n'est pas encore le vice principal du système. C'est au moment d'arriver au vote qu'éclatent ses inconvénients.

Tout d'abord, le pouvoir législatif étant divisé entre deux Assemblées, il faut obtenir le vote du Sénat après celui de la Chambre.

Par haine du Suffrage Universel, les monarchistes de 1875 ont confié l'élection du Sénat au suffrage restreint.

Le Sénat n'est jamais par suite en communauté d'idées avec la Nation; il représente des opinions passées, et, comme un vieillard grincheux, il demeure fidèle aux usages du bon vieux temps.

Ce n'est pas le Sénat conservateur; c'est le Sénat retardataire.

Ses pouvoirs étant égaux à ceux de la Chambre, tout conflit aboutit à l'impuissance.

Une loi est-elle votée par la Chambre, il suffit que le Sénat change une virgule de place, pour que la loi revienne devant les Députés. Si ceux-ci font au projet modifié une retouche, si légère soit-elle, la loi retourne au Sénat et ainsi de suite, sans qu'il y ait de raison pour que ce jeu finisse.

Et la loi, depuis si longtemps espérée, continue à bondir comme un volant sur deux raquettes, du Palais-Bourbon au Luxembourg et du Luxembourg au Palais-Bourbon.

Quand par hasard une loi aboutit, il y a si longtemps qu'elle traîne dans les bureaux du Parlement, qu'elle ne correspond plus aux besoins qui l'ont fait naître. Les retouches qu'elle a subies en ont fait un objet informe, semblable à ces navires dont la marine commande les diverses pièces à des constructeurs différents et qui n'ont qu'un défaut quand, après des années de remaniements, ils sortent enfin du chantier, c'est de ne pas aller sur l'eau.

Mais quand bien même on modifierait ces mauvaises méthodes de délibération, quand bien même on retremperait le Sénat dans le suffrage universel, quand bien même on limiterait ses prérogatives au droit de *veto* suspensif, quand bien même enfin on donnerait à la Chambre le dernier mot après une seconde délibération, le travail parlementaire resterait stérile.

Ce qui le stérilise, c'est le droit qui appartient au Parlement de renverser les ministres, c'est la confusion des pouvoirs.

La chute ou le maintien du ministère est la question qui domine tous les débats.

Il ne s'agit jamais de savoir si une loi est bonne ou mauvaise; il s'agit de savoir si le Gouvernement l'accepte ou la repousse. Peu importent les programmes, peu importent les convictions et les raisons; vote-t-on pour ou contre le ministère, telle est la seule question que se pose un législateur, au moment de déposer son bulletin dans l'urne.

Malheur aux scrupuleux dont la conscience hésite entre la foi jurée aux électeurs et les dangers que présente à leurs yeux l'instabilité des ministères; il ne leur reste comme ressource suprême que l'abstention : c'est la politique des eunuques.

Travaille, pendant ce temps, Peuple de France.

Les huit cents roitelets qui t'ont volé tes pouvoirs négligent leur mandat et oublient leurs promesses, mais, toi, tu peines dans l'atelier et dans ta mine, tu laboures et tu sèmes sous le soleil brûlant, tu végètes derrière ton comptoir obscur.

S'ils compromettent la fortune de la France, c'est avec tes économies qu'ils éviteront la banqueroute; s'ils mettent la Patrie en danger, c'est avec ton sang qu'ils défendront ses frontières.

En vain tu leur demandes : de l'ouvrage quand tu chômes, du pain quand tu travailles, une pension quand tu es blessé, une retraite quand tu vieillis.

Ils ne t'écoutent pas.

Dans la République des parlementaires, les droits sont pour eux, les devoirs pour toi.

III

POUVOIR POLITIQUE

Vous avez vu, Messieurs, ce que le régime parlementaire a fait de l'usine où se fabriquent les lois de la France.

Voyez maintenant ce qu'il a fait du pouvoir exécutif chargé de les appliquer.

La Constitution de 1875 viole ouvertement, en ce qui touche le pouvoir exécutif, la séparation des pouvoirs.

Le pouvoir exécutif en France est en effet confié à un Président de la République élu par le Parlement, et à un conseil des ministres désigné par le Président de la République, mais responsable devant le Parlement, et que le Parlement peut chasser quand il lui plaît.

Le Président de la République n'a en réalité aucun pouvoir.

Il ne peut rien faire sans obtenir le contre-seing d'un ministre.

S'il renvoie un ministre dont il n'a pu obtenir la signature, pour le remplacer par un autre qui consente à lui donner la sienne, le Parlement peut immédiatement exiger le départ de ce nouveau ministre.

Il ne peut dissoudre la Chambre sans avoir obtenu le concours du Sénat.

Le Parlement est donc le maître absolu. Les ministres étant à chaque instant révocables par lui et ne pouvant gouverner sans être agréés par lui, c'est lui qui gouverne en réalité.

Le Président de la République n'a en somme que le droit de lui présenter des ministères.

Quelle est la conséquence de cette situation ? Ayant le droit de changer les ministres à son gré, le Parlement en use et en abuse.

Il ne fait en cela qu'obéir à la loi naturelle que nous a signalée Montesquieu et en vertu de laquelle celui qui détient un pouvoir va toujours jusqu'au bout de ce pouvoir.

Le jeu de quilles ministérielles offre un agrément particulier. Les joueurs qui s'y adonnent y prennent tant de plaisir qu'ils voudraient y jouer tous les jours. Et c'est à qui d'entre eux lancera d'une main vigoureuse dans le groupe des malheureux ministres, l'interpellation qui sert de boule.

Ce n'est pas d'ailleurs seulement pour se faire la main que les parlementaires renversent les ministres.

C'est aussi pour conquérir le pouvoir.

La Chambre renferme presqu'autant de candidats-ministres que de députés.

Et d'ailleurs les élévations surprenantes auxquelles les nécessités de la concentration nous font assister de temps en temps justifient complètement ces ambitions.

Ceux qui n'aspirent pas au pouvoir pour eux-mêmes, y aspirent pour leurs amis; espérant qu'étant plus près du distributeur ils auront plus large part à la distribution.

Dans les couloirs de la Chambre et du Sénat des intrigues, des coalitions se forment entre des adversaires en apparence irréconciliables, pour comploter la chute du Cabinet.

Des pièges sont tendus sous ses pas ; les surprises, les indiscrétions, les mensonges, les ruses les plus perfides, les procédés les plus misérables sont de bonne guerre contre l'ennemi commun.

S'il glisse enfin et s'il tombe, une nouvelle lutte plus répugnante encore s'engage entre les vainqueurs pour se partager les dépouilles du vaincu.

Vous avez parfois à juger, Messieurs les jurés, des bandes de vauriens qui s'associent pour dévaliser les passants attardés ; on leur donne des sobriquets pittoresques, on les appelle tantôt la bande des coupeurs de bourses, tantôt la bande des détrousseurs de portefeuilles. J'ai connu dans les assemblées parlementaires des bandes de détrousseurs de portefeuilles qui font plus de mal au pays que les malfaiteurs que vous envoyez au bagne.

***

Le résultat de leurs louches manœuvres, c'est cette instabilité ministérielle qui est le vice principal du régime parlementaire.

Vous avez assisté depuis vingt-cinq ans à ce défilé de ministres qui se succèdent sur le théâtre de la politique culbutant les uns sur les autres comme les marionnettes d'un jeu de massacre.

Leur existence est à la merci des Chambres ; ils tremblent devant les majorités de rencontre qui peuvent à chaque instant se former contre eux.

Leur pouvoir est précaire ; il n'a ni durée ni force. Six mois de vie pour un ministère, c'est déjà long !

Quel est donc l'organisme social qui résisterait à de pareilles mœurs? Quelle entreprise commerciale ou industrielle ne serait rapidement acculée à la faillite si celui qui la dirige était exposé chaque matin à la révocation ?

Le changement fréquent de direction, l'incertitude du lendemain sont des causes de ruine pour le plus modeste établissement.

Pour mener une usine exploiter un fonds de commerce, cultiver une terre il faut passer des contrats, prévoir les échéances, sérier les cultures. Aussi prendrait-on pour un fou celui qui proposerait, pour mieux assurer la prospérité de ces entreprises, de changer tous les six mois l'ingénieur, le patron ou le fermier qui les dirige.

Et ce régime absurde dont on ne voudrait pas pour une boutique, pour un atelier ou pour une métairie, les parlementaires dans leur inconscience l'appliquent depuis vingt-cinq ans à l'immense usine où 36 millions d'ouvriers forgent les destinées de la France.

Près de quarante ministères renversés depuis vingt-cinq ans, six ministres de la guerre jetés bas depuis moins d'un an.

Voici leur œuvre !

Défense nationale, relations extérieures, protection du commerce, de l'industrie et de l'agriculture, tous ces grands intérêts de la nation, qu'ont portés si haut et si bien défendus dans leurs longs ministères les Sully, les Colbert et les Richelieu, glissent dans les mains débiles des fantoches ministériels qui passent comme des ombres sur les murs de l'Histoire.

***

Quel médiocre personnage, en effet, que celui d'un ministre parlementaire !

Comme il s'agit uniquement, quand on forme le Cabinet, d'offrir une place à chacun des groupes politiques dont se compose la majorité, on se préoccupe fort peu de mettre à la tête des divers ministères des hommes compétents.

Les ministres parlementaires sont les hommes à tout faire de la politique. Ils acceptent avec une tranquille indifférence le poste pour lequel ils sont le moins désignés.

Il faut un examen pour être admis comme surnuméraire dans un ministère ; il suffit d'être un intrigant pour y être admis comme ministre.

Même, s'il est laborieux, ce qui peut arriver, tout arrive, son passage aux affaires est trop court pour qu'un ministre puisse apprendre son métier. A peine a-t-il eu le temps de faire une étude superficielle des services compliqués du ministère qu'il est censé diriger, que ses collègues du Parlement lui ont déjà donné un successeur.

Si par hasard il ne tombait pas tout de suite, la stérile agitation de la vie ministérielle ne lui laisserait pas le loisir d'un travail assidu.

Le matin, c'est le défilé des mendiants parlementaires qui viennent quémander pour eux et pour leurs amis l'aumône des faveurs ministérielles.

Dans l'après-midi, ce sont les séances du Parlement où le ministre, mélancoliquement assis à son banc, se prépare à parer les attaques incessantes qui menacent de tous les coins de la Chambre sa fragile existence.

Le soir, ce sont les banquets officiels avec l'inévitable discours du dessert et la distribution de ces décorations multicolores dont notre moderne démocratie fleurit les boutonnières électorales.

Avec une existence aussi remplie d'inutilités, comment veut-on qu'un ministre gouverne et rende au pays les services que l'on attend de lui ?

Si la France n'avait pas ses fidèles bureaux que l'on plaisante parfois, mais dont la puissante ossature la maintient debout, il y a longtemps que tout serait perdu.

Et ces bureaux eux-mêmes, ces bureaux où travaillent modestement et silencieusement les véritables artisans de la prospérité nationale, qui donc peut ignorer que leur solidité est compromise par les abus du régime parlementaire ?

A qui sont réservés les places, les avancements et les récompenses?

Vous le savez, Messieurs, à ceux qui sont le plus recommandés.

Les parlementaires ne se maintiennent dans les bonnes grâces des électeurs que par les recommandations qu'ils leur prodiguent.

Les ministres ne se maintiennent dans les bonnes grâces des parlementaires que par les places et les décorations qu'ils leur accordent.

Ayez du mérite et du talent, soyez un employé zélé et consciencieux, et vous n'avancerez pas ; soyez le flatteur d'un politicien, le courtisan d'un parlementaire, et votre avancement est assuré.

Etonnez-vous après cela du découragement qui commence à se faire sentir dans nos administrations publiques.

Mais les parlementaires ne s'arrêtent pas là.

Il ne leur suffit pas d'encombrer de leurs protégés les carrières administratives.

Ils veulent des places pour eux-mêmes.

Ils considèrent les hauts postes de l'administration comme une retraite lucrative qui appartient de droit aux députés et aux sénateurs dégoûtés de la politique ou rejetés par le suffrage universel.

Ils n'ont pas su venir en aide aux invalides du travail.

Mais ils ont installé, pensant à leur propre avenir, dans les meilleures places de l'Etat les invalides de la politique.

On s'est parfois indigné, non sans raison, de voir les ministres payer avec des fonds secrets c'est-à-dire avec l'argent des contribuables, des services que leur rendent les parlementaires ; n'est-il pas aussi immoral et plus préjudiciable encore aux intérêts de la nation, de payer ces mêmes services avec les places et les décorations dont on prive ainsi les vieux serviteurs du pays ?

***

Les ministres auraient d'ailleurs bien tort de se gêner, si leur conscience ne les arrête pas, car leur responsabilité est fictive.

C'est aux parlementaires seuls qu'ils doivent des comptes, et les parlementaires sont leurs complices.

Bertrand est jugé par Robert Macaire.

Et c'est là qu'est tout le mal.

En vain on propose pour le guérir des palliatifs insuffisants. Prendre les ministres en dehors des Chambres ! remède illusoire que les parlementaires repoussent d'ailleurs avec indignation.

Si les ministres pris en dehors des Chambres sont toujours responsables devant elles, les groupes parlementaires prendront hors du Parlement des hommes de paille pour les représenter dans le ministère.

Les grands entrepreneurs de la politique auront une écurie de candidats-ministres, comme on a une écurie de courses.

Les ministres n'auront sur la Chambre aucune autorité personnelle, ils seront victimes plus facilement encore des intrigues de couloir.

Le mal sera déplacé, il ne sera pas supprimé.

C'est dans sa racine qu'il faut l'atteindre, si on veut le guérir.

Il est né de l'usurpation par le Parlement du droit du Peuple.

Il faut rendre au Peuple les droits usurpés par le Parlement.

Il faut impitoyablement rayer de la Constitution les responsabilités des ministres devant les Chambres, et le droit abusif de renverser le gouvernement que les parlementaires se sont arbitrairement arrogé.

Les ministres seront alors les conseillers et les agents du Président de la République en qui se concentrera toute la responsabilité gouvernementale.

***

Et devant qui alors le Président devra-t-il être responsable?

Evidemment devant le Peuple lui-même. S'il était responsable devant le Parlement, rien ne serait changé, sauf un mot, dans la plus mauvaise des Constitutions.

Aux crises ministérielles succéderaient les crises présidentielles.

Mais aucun des vices du régime parlementaire n'aurait disparu.

L'élection du Président de la République par le Peuple est la conséquence nécessaire de la suppression du régime parlementaire.

C'est, d'ailleurs nous l'avons vu, la vraie doctrine républicaine; c'est la seule doctrine démocratique.

Quant aux moyens mécaniques par lesquels le suffrage universel doit manifester sa volonté, c'est là une question de détail qui ne touche pas au principe.

Le principe, c'est le plébiscite présidentiel.

C'est le seul moyen de donner au Président de la République l'autorité qui lui manque.

Le suffrage universel, qui choisit des conseillers municipaux, des conseillers d'arrondissement et des conseillers généraux, qui élit les députés, pour qui tous les démocrates réclament le droit d'élire les sénateurs, a suffisamment fait l'expérience de sa force pour choisir aussi le chef de l'État.

Élu par le Peuple, comme les parlementaires, le Président de la République pourra leur tenir tête. Élu par eux, il courbe la tête devant eux. Nous voulons qu'il la relève.

En vain, les parlementaires protestent et crient d'avance au pouvoir personnel.

Le pouvoir personnel n'existe, je l'ai montré, que si le chef de l'État a le droit de légiférer. Nous n'avons jamais pensé à retirer au Parlement le pouvoir législatif pour le donner au Président de la République, car nous ne voulons pas du pouvoir personnel.

Nous voulons seulement donner au chef de l'État l'autorité et la stabilité qui fait depuis trop longtemps défaut au gouvernement de la France.

Nous savons, d'ailleurs, pourquoi les parlementaires refusent au Peuple le droit d'élire le chef de l'État.

Ils ont peur de la popularité qu'il pourrait acquérir.

Qu'est-ce donc que la popularité, sinon la reconnaissance d'un Peuple pour les services qui lui sont rendus?

Si le chef de l'État devient populaire, c'est donc qu'il aura été utile au Peuple.

C'est là ce qui effraye les parlementaires.

C'est à eux, et à eux seuls, qu'ils veulent que le chef de l'État soit utile.

Si le président de la République est élu par le Peuple, il sera le serviteur du Peuple.

Le président de la République, nommé par les parlementaires, est le serviteur des parlementaires, et c'est pour cela qu'ils veulent le conserver.

Aussi, de peur que le Peuple ne soit tenté de revendiquer ses droits, ont-ils enfermé la Constitution qui les lui enlève dans une citadelle infranchissable.

IV

POUVOIR CONSTITUANT

Maîtres des lois, maîtres du pouvoir, on pouvait s'imaginer qu'ils n'oseraient aller plus loin.

Il restait un dernier droit au Peuple de France, le plus imprescriptible de tous, celui contre lequel aucune loi, aucune constitution ne saurait prévaloir, le droit de disposer de son avenir.

Ils ont arraché à la Nation ce dernier débris de sa souveraineté.

Ils se sont réservé le droit constituant.

C'est la violation la plus flagrante du droit républicain.

« Il ne peut exister », avait dit Danton, « de constitution que celle qui sera textuellement, nominativement acceptée par la majorité des assemblées primaires. »

Et la Convention nationale consacrait solennellement ce principe dans sa première séance du 21 septembre 1792, jour de la fondation de la République, en votant à l'unanimité la résolution suivante :

« La Convention nationale déclare qu'il ne peut y avoir de constitution que lorsqu'elle est acceptée par le Peuple. »

Et ce sont les parlementaires, violateurs audacieux du principe fondamental proclamé par la Révolution, qui ont osé parfois nous reprocher d'être les adversaires de la République.

Étranges républicains que ces usurpateurs qui refusent de rendre à la Nation les droits imprescriptibles dont ils l'ont dépouillée !

Inutile de leur demander de renoncer d'eux-mêmes aux droits qu'ils tiennent de la Constitution de 1875.

Leurs privilèges sont enfermés dans la Constitution, et ils se sont institués gardiens de cette Constitution pour mieux garder leurs privilèges.

Aucune revision légale n'est donc possible.

Ce serait folie que d'espérer que les parlementaires voteront un jour eux-mêmes leur propre déchéance.

Les nuits du 4 août n'ont pas de lendemain. Les guillotinés par persuasion n'existent que dans l'imagination des chroniqueurs.

Mais que les parlementaires prennent garde !

En violant les principes fondamentaux de notre droit public, en arrachant illégalement au Peuple sa souveraineté, ils ont justifié d'avance la Révolution.

On a dit un jour, pour excuser un coup d'État, qu'il avait fallu sortir de la légalité pour rentrer dans le droit ; notre langage ne sera pas le même.

C'est de l'illégalité que nous voulons sortir pour rentrer dans le droit.

CONCLUSION

La philosophie de l'histoire et l'étude approfondie de la Constitution de 1875, l'expérience pratique et le raisonnement nous ont donc conduits à cette conclusion formelle :

Le régime parlementaire, qu'il faut renverser, ne peut être renversé que par la révolution.

Restait à passer de la théorie à la pratique. De ce que l'on constate les vices d'un régime et l'impossibilité de s'en débarrasser autrement que par la force, il ne s'ensuit pas qu'il n'y a plus qu'à descendre dans la rue.

Encore faut-il que la rue soit prête. Il ne suffit pas qu'une révolution soit logique pour qu'elle se fasse. Les violences qu'elle entraîne nécessairement font longtemps hésiter les esprits les plus résolus.

C'est ce qui protège les mauvais gouvernements. Ils ne sont renversés que lorsqu'ils sont devenus insupportables à la nation.

Le gouvernement parlementaire était-il devenu insupportable à la nation française ?

Nous l'avons cru. Et c'est pourquoi nous sommes ici.

Avions-nous raison de le croire ? Jugez vous-mêmes, Messieurs.

***

Si les parlementaires s'étaient bornés à exploiter à leur profit et au profit de leurs amis la grande mine des bureaux de tabac et l'inépuisable usine de décorations dont ils sont les gérants, leur petit trafic aurait pu durer longtemps.

Malheureusement pour eux, ils ont commis une lourde faute.

Dans la Constitution monarchique de 1875, ils avaient laissé vide le trône du roi.

Quelqu'un s'y est assis.

Et un beau jour les parlementaires se sont aperçus qu'ils avaient un maître.

Le financier avait mis la main sur le Parlement. Depuis 1870, la France subissait la lente infiltration de la finance cosmopolite. De tous les coins de l'Europe les affamés venaient à la curée de cette admirable proie.

Une nuée d'aventuriers de toute nationalité et de toute race s'abattait sur la nation blessée comme les vautours sur un cadavre.

En peu d'années notre haut commerce, notre industrie, nos grandes entreprises étaient entre leurs mains.

Des fortunes colossales et frauduleuses s'édifiaient sur les ruines du petit commerce et de la petite industrie. Une aristocratie nouvelle s'élevait, plus arrogante, plus impérieuse que celle de l'ancien régime, mais ayant en moins la noblesse.

Les grands domaines se reconstituaient.

Sous les vieux ombrages où s'étaient promenées les élégances et les bravoures du Grand Siècle, on voyait s'étaler la grossière vanité de parvenus insolents.

Ayant pour parchemins des billets de banque, pour blason un coffre-fort, la nouvelle féodalité financière voulut remplacer les privilèges du sang par les privilèges de la fortune.

Se croyant désormais assez forts, les financiers marchèrent à l'assaut du pouvoir.

La place était livrée d'avance, elle capitula.

Le régime parlementaire devait aboutir nécessairement à la corruption.

Rousseau l'avait prédit :

« Il n'est pas bon, s'écriait-il, que celui qui fait les lois les exécute, ni que le corps du Peuple détourne son attention des vues générales pour la donner aux objets particuliers.

« Rien n'est plus dangereux que l'influence des intérêts privés dans les affaires publiques et l'abus des lois par le gouvernement est un mal moindre que la corruption du législateur, suite infaillible des vues particulières. »

Nous les connaissons les « vues particulières » sur lesquelles se sont arrêtés avec complaisance les yeux des législateurs :

Panama, Lits Militaires, Chemins de fer du Sud et Tonkin, Ferme de l'opium, Phosphates d'Algérie, Concessions africaines.

C'est en attirant les regards des parlementaires sur ces « vues particulières » que les financiers les ont détournés des « vues générales » qui n'intéressent que la Patrie.

Ainsi les parlementaires furent conquis

Les uns, grands flibustiers égarés dans la politique, se reconnurent de même race que les conquérants. Ils devinrent leurs complices et leurs agents. D'autres, étreints par la gêne et par la misère en gants blancs, acceptèrent furtivement de maigres secours qui les enchaînèrent furtivement. La plupart enfin, éblouis par les fastueuses réceptions et la fausse magnificence de tous ces riches seigneurs, invités de leurs chasses, compagnons de leurs plaisirs, parasites de leurs tables, furent bientôt inscrits dans leur clientèle.

Ce fut l'apogée de la puissance des financiers. Pendant quelque temps ils crurent avoir partie gagnée.

Maîtres des affaires, de la presse, des salons parisiens, des pouvoirs publics, tout semblait leur appartenir.

Mais le Peuple leur avait échappé, il leur échappe encore

La nouvelle aristocratie paraît aussi suspecte que l'ancienne à sa jalouse indépendance.

Mais il fait entre l'une et l'autre une différence.

Le Peuple de 1789 haïssait et redoutait les marquis de la Cour, le Peuple de 1899 haït et méprise les princes de la finance.

***

Bientôt allaient surgir les scandales qui devaient permettre à sa colère de se manifester.

Le premier fut l'affaire Wilson.

Sur les marches du palais présidentiel une boutique s'était ouverte où se vendaient les croix de la Légion d'honneur.

Un hasard fit découvrir le honteux trafic.

Vous vous souvenez, Messieurs, de l'indignation qui secoua le pays à cette époque.

Le mouvement boulangiste devait sortir de cette indignation et le régime parlementaire faillit en être emporté.

A peine remis de cette chaude alarme, les parlementaires virent éclater sur leurs têtes l'orage du Panama.

Sous la lumière éblouissante de ses éclairs, apparaissait aux yeux de tous l'effroyable état de corruption dans lequel la finance avait plongé le Parlement.

Députés et sénateurs, rapporteurs et présidents de commission, orateurs et ministres, tous discutaient la façon ou le prix dont on avait payé leurs services ; certains poussaient même l'aveu jusqu'à la restitution, nul ne pouvait nier ces serments eux-mêmes rendus aux écumeurs de l'épargne publique.

Ainsi la souveraineté que le Parlement avait volée au Peuple, il la livrait aux agioteurs.

Et, cependant, cette fois encore le Peuple ne s'est pas révolté ; si le gouvernement des parlementaires lui inspirait un immense dégoût, le dégoût n'est pas encore la révolte.

Mais sa patience était à bout.

Et pourtant ils allaient la soumettre à une épreuve nouvelle et plus cruelle encore.

Ils allaient laisser toucher, ils allaient toucher eux-mêmes à ce que la Nation considère à juste titre comme son bien le plus précieux... à son Armée et à son Drapeau.

***

Messieurs, j'ai bien des fois donné en public mon opinion sur la question de droit criminel qui fait le fond de l'affaire Dreyfus.

J'estime, pour ma part, que le droit de juger les crimes appartenant aux tribunaux, nul n'a le droit de se substituer aux juges et de leur imposer son opinion.

La justice suprême est aujourd'hui saisie de cette affaire.

A l'heure même où vous nous jugez, un nouvel acte de ce pénible drame se déroule à quelques pas d'ici.

Je ne veux ni préjuger ni juger l'arrêt que va rendre la Cour de cassation.

Peut-être seulement pourrai-je me souvenir de la sévérité avec laquelle l'un de ceux qui ont mis aujourd'hui toute leur confiance dans la magistrature, la flétrissait hier à la tribune de la Chambre dans un discours célèbre dont les lambeaux pendent encore aux murailles de la France.

Peut-être alors aurai-je le droit de me demander avec inquiétude si les mêmes magistrats qui ont déjà trouvé, dans les replis de leur conscience, des trésors d'indulgence pour les marchands de croix d'honneur et les marchands de votes parlementaires, n'en ont pas encore en réserve à l'usage des marchands de patrie.

Mais l'affaire Dreyfus est autre chose pour moi qu'une affaire criminelle.

J'y vois le suprême effort des parlementaires et des financiers pour maintenir sur la nation leur commune tyrannie.

Ils ont voulu briser la dernière force qui avait jusqu'ici conservé son indépendance.

C'est à l'armée qu'ils s'en prennent.

Ils ont voulu arracher du cœur du Peuple sa confiance et son respect pour l'armée nationale.

Mais leur odieuse manœuvre s'est retournée contre eux. L'Armée et le Peuple sortiront plus soudés encore l'un à l'autre de la campagne de corruption et de haine que les sinistres alliés ont entreprise contre la France.

Campagne de corruption, qui donc en doute ?

L'or qui coule à profusion depuis bientôt trois ans ne se dissimule même pas.

Jamais, même aux beaux jours de Panama, pareille rosée ne s'était abattue sur tant de consciences qui se disent altérées de vérité et de justice.

Tous les non-lieu, tous les acquittés, tous les compromis sont accourus au premier signal, aucun n'a manqué à l'appel, soit qu'ils aient senti de loin la bonne odeur de l'argent, soit qu'ils aient tremblé sous la menace de celui qui mène la campagne des infâmes, et qui est le silencieux héritier des secrets du mort.

Campagne de corruption, mais campagne de haine aussi.

Ils ont bien essayé au début de dissimuler, par prudence, leurs véritables sentiments, mais la haine a été la plus forte et elle a débordé de toutes les bouches.

Derrière une poignée d'anarchistes, de pédants et de réfractaires, se sont groupés tous ceux qui jalousent, tous ceux qui détestent, tous ceux qui redoutent l'Armée.

Et la criminelle campagne d'outrages s'est déchaînée contre elle.

Le Peuple allait-il supporter cette odieuse tentative ?

Allait-il écouter les prédications des internationalistes qui lui criaient :

« Brisons l'armée, c'est le dernier rempart du capitalisme. »

Allait-il écouter les excitations des révoltés qui lui rappelaient, pour réveiller ses rancunes, les rudesses de la discipline et les brimades de la chambrée ?

Notre attente n'a pas été longue et notre espoir n'a pas été trompé.

Le Peuple de France a repoussé du pied toutes les calomnies dirigées contre son armée.

Il a senti, mal dissimulée, dans toute cette affaire, la main perfide de l'étranger.

« Cherchez à qui le crime profite », dit-on souvent dans l'enceinte de justice où nous sommes.

Nous savons bien, nous, à qui le crime a profité.

Il a profité aux ennemis héréditaires de la Patrie, qui contemplent d'un œil satisfait le mal fait à la France par le poison qu'ils lui ont versé.

Semblables à ces loups de l'apologue antique, qui pour dévorer plus à l'aise un troupeau de moutons s'étaient fait livrer par les moutons eux-mêmes les chiens qui les gardaient, ils ont essayé de se faire livrer par nous les fidèles gardiens de nos frontières.

Mais, malgré la trahison de quelques moutons imbéciles qui s'en vont bêlant dans le troupeau des intellectuels, le Peuple a vu clair dans leur ruse.

Par dessus le Rhin, les Alpes et la Manche, les hurlements de joie des loups trop tôt triomphants ont averti sa vigilance.

Entre les soldats de la France et les agents de l'Etranger il n'a pas hésité.

Et sa colère furieuse s'est tournée contre l'impuissance et la complicité d'un gouvernement qui laissait s'accomplir de pareilles choses.

Nous l'avons entendu gronder, depuis la salle Guyenet jusqu'au matin de l'élection présidentielle, dans de superbes réunions publiques, dans des manifestations tumultueuses.

Et quand les corrompus du Parlement, syndiqués ouvertement avec les amis de Dreyfus, ont réussi à porter à la Présidence le candidat de leur choix, nous avons vu se déchaîner sa fureur dans une protestation sans précédent.

Alors nous nous sommes souvenu qu'il était dans la vie d'un peuple des heures décisives.

Nous avons pensé qu'une de ces heures avait sonné.

Nous avons cru entendre la grande voix de la Révolution qui nous appelait, nous avons répondu à son appel et nous nous sommes levés.

Vous savez le reste, Messieurs les jurés.

Nous ne vous avons rien dissimulé ni de nos actes, ni de nos intentions. Nous avons tenu à vous parler avec franchise, au risque de froisser vos sentiments intimes.

Si notre langage a été imprudent, il a été loyal et c'était l'important pour nous.

Nous tenons plus, en effet, à votre estime qu'à votre indulgence. Vous nous jugerez mieux sachant ce que nous sommes.

Nous avons fait notre devoir, vous ferez le vôtre.

Nous attendons tranquillement votre verdict. Vous êtes la justice du Peuple et les juges de la Nation.

Nous avons confiance dans la justice du Peuple.

Nous ne redoutons pas le jugement de la Nation !

BIBLIOTHÈQUE

DU

" Drapeau "

Compte rendu du Procès Paul Déroulède-Marcel Habert	**10**	centimes
Plaidoirie de Mᵉ Falateuf	**10**	—
Discours de Paul Déroulède à Angoulême . . .	**5**	—
Discours de Paul Déroulède à Saint-Cloud. . .	**5**	—
Plaidoirie de Mᵉ Quentin.	**10**	—
La Biographie illustrée de Paul Déroulède. . .	**5**	—
La Biographie illustrée de Marcel Habert . . .	**5**	—
L'Almanach du Drapeau. *(0 fr. 60 par la poste)*. .	**50**	—

Les Chansons populaires d'Antonin Louis :

VIVE L'ARMÉE !	**15**	—
LA MARCHE DES PATRIOTES	**15**	—
GLOIRE A MARCHAND	**15**	—
LA FRANCE AVANT TOUT	**15**	—

POUR PARAITRE PROCHAINEMENT EN VOLUME :

Le Procès de la Ligue des Patriotes.

Paris. — Imprimerie PAUL DUPONT, 4, rue du Bouloi.

www.ingramcontent.com/pod-product-compliance
Ingram Content Group UK Ltd.
Pitfield, Milton Keynes, MK11 3LW, UK
UKHW021123230726
13926UKWH00002B/627